社会学基本理论体系解读

周林波　著

全国百佳图书出版单位 吉林出版集团股份有限公司

图书在版编目（CIP）数据

社会学基本理论体系解读／周林波著. -- 长春：
吉林出版集团股份有限公司，2022.8（2023.9 重印）

ISBN 978-7-5731-1941-4

Ⅰ.①社… Ⅱ.①周… Ⅲ.①社会学-理论研究
Ⅳ.①C91

中国版本图书馆 CIP 数据核字（2022）第 143885 号

SHEHUIXUE JIBEN LILUN TIXI JIEDU

社 会 学 基 本 理 论 体 系 解 读

著：周林波
责任编辑：朱　玲
封面设计：雅硕图文
开　　本：720mm×1000mm　1/16
字　　数：160 千字
印　　张：8.5
版　　次：2022 年 8 月第 1 版
印　　次：2023 年 9 月第 2 次印刷

出　　版：吉林出版集团股份有限公司
发　　行：吉林出版集团外语教育有限公司
地　　址：长春市福祉大路 5788 号龙腾国际大厦 B 座 7 层
电　　话：总编办：0431-81629929
印　　刷：涿州汇美亿浓印刷有限公司

ISBN 978-7-5731-1941-4　　定　　价：52.00 元

前　言

社会学是一门以研究社会为己任的基础性的社会科学，对社会生活、社会现象具有独特的认识作用、解释作用和指导作用；同时，社会学又是一门实证性和现实性很强的学科，必须随着社会的发展而不断充实提高，保持与社会进步的同步性、协调性。可以说，社会学是从宏观和微观、静态和动态结合的角度出发，通过人们的社会关系和社会行为来研究人类社会生活以及社会的结构与功能、社会变迁与发展规律的一门具体社会科学。

众所周知，改革开放以来，中国取得了举世瞩目的成就。如何基于当前中国的发展经验，完成理论研究与经验研究的沟通，推动中国社会学乃至全球社会学的发展，是当代中国社会学者苦苦思考的问题。尤其是当前我国处于体制转轨和社会转型这一新的历史时期，社会生活日新月异，新情况、新矛盾层出不穷，社会学大有可为，就要不断地研究新问题，补充新内容，使其获得旺盛强大的生命力。

本书是一本探讨社会学基本理论体系的著作。本书可分为两部分，第一部分（第一章）简要论述了社会学的基本知识，包括社会及其构成要素、社会学的作用和特点、社会学与其他社会科学学科的关系以及社会学的研究方法；第二部分（第二章至第六章）分别探讨了教育社会学的相关知识，包括教育社会学研究对象与学科属性、教育社会学的理论流派、教育社会学的研究范围与方法、教育与个体的社会化分析、基于教育社会学的高校师生矛盾与和谐校园构建；探讨了人口社会学的相关知识，包括人口社会学的研究方法、中国人口思想与人口社会学的发展研究、人口城市化问题与人口安全；探讨了环境社会学的相关知识，包括当前时代下人类面临的主要环境问题、环境问题的社会影响及其应对、环境社会学的发展展望；探讨了组织社会学的相关知识，包括基于组织社会学的大学生社团管理；最后探讨了发展社会学的相关知识，包括发展社会学的基本理论、现代化进程中的社会问题、基于发展社会学的市场化服务研究。

希望借助此书的出版可以使读者明确社会学的基本知识和原理，获得整体性印象。本书紧密结合社会实际，采用社会生活中的事实和社会现象作为社会学理论的支持材料，提供观察和分析社会现象的示范，期望能够培养和提高读者运用理论知识分析社会现象的能力。

本书在写作过程中得到了相关领导的支持和鼓励，在此表示感谢！在写作过程中，作者广泛参考、吸收了国内外众多学者的研究成果和实际工作者的经验，在此，对本书所借鉴的参考文献的作者、对写作过程中提供帮助的单位和个人致以衷心的感谢！同时，有些参考的资料由于无法确定来源和作者，因此没有在参考文献中列出，为此表示深深的歉意。在写作本书时，得益于许多同人前辈的研究成果，既受益匪浅，也深感自身所存在的不足，对此希望广大读者与专家、学者予以谅解，并提出自己的宝贵意见，以便修改完善。

目　录

第一章 社会学概论

社会学是关于社会的学问。学习社会学，不能不首先对社会有一个总体上的认识，并进而认清社会的本质。社会学认为，人类社会是由若干相互联系、相互作用的基本要素所构成的，具有一定结构和功能的有机整体。自然环境是人类社会赖以生存的基础，人则是社会的中心要素，人类正是在与自然环境的互动中结成了社会，创造了灿烂的社会文化。

第一节 社会及其构成要素

一、社会概述

（一）社会的定义

"社会"这个词在今天已经被人们广泛地使用，报纸杂志或日常谈话中，我们都频繁地使用这个词，实际上它已成为大众用语了。那么，究竟什么是社会呢？

在我国古代，"社"与"会"最初是分开使用的。我国古人先有"社"的概念。如："周礼二十五家为社"（《说文》），"方六里，名之曰社"（《管子·乘马》）。而后又有了"会"这个字，"会，合也"，有聚结、集合的意思。"社会"一词最早出现于唐代的古籍中。《旧唐书·玄宗本记》中就有"村间社会"的说法，这是所见到的"社""会"二字的最早连用。其涵义是指人们为了祭神而聚合到一起。此后，在历代的著述中"社会"一词也曾多

· 1 ·

次出现，但是其含义不尽相同，与我们今天的用法也相去甚远。我们今天所说的"社会"一词是在近代以来才开始出现的。

西方社会学者对社会的解释多种多样，但概括起来说，主要有两大派别。一派叫作社会唯实派（Social Realism，又称社会实在论），认为社会不仅仅是个人的集合，它是一个客观存在的东西，是真实存在的实体。社会外在于个人，并对个人具有强制性。社会虽然是由单个人组成，但是自从人与人组成一个集体后，社会所产生的现象都是由于集体的行为和活动所产生的，受制度和规范的约束，而不能再还原为个体的生理或心理现象。持这种观点的代表人物有德国的格奥尔格·齐美尔（Georg Simmel）、法国的埃米尔·杜尔凯姆（Emile Durkheim）和美国的阿尔比昂·W. 斯莫尔（Albion Woodbury Small）等。另一派叫作社会唯名派（Social Nominalism），通过分析他们的相关观点可以看出，社会是代表具有同样特征的许多人的名称，是空洞的名称，而非实体，真正实在的只是个人。个人是社会学研究的对象，其研究方法是从个人行为的细节上，或者从其行为中可能推知的事项上加以研究。这一派的代表人物有英国的赫伯特·斯宾塞（Herbert Spencer）、德国的马克斯·韦伯（Max Weber）、法国的加布里埃尔·塔尔德（Gabriel Tarde）和美国社会学家弗兰克林·享利·吉丁斯（Franklin Henry Giddings）等，美国社会学家塔尔科特·帕森斯（Talcott Parsons）早期的"意志主义"社会行动理论中也带有社会唯名论的成分。我们认为，这两大派别各执一端，他们的观点虽然包含了某些合理因素，但未免失之偏颇。社会的本质既不是在整体也不是在个体之中，而只能存在于人与人的关系之中，存在于个体与整体的关系之中。

科学地揭示社会本质的任务，是由马克思完成的。按照马克思的观点，社会是人们交互作用中产生的各种社会关系的总和。马克思主义经典作家关于社会的论述包括了以下两个基本观点：

1. 社会是人们相互交往的产物，是全部社会关系的总和

社会是由个人所组成的，但它不是单个个人的堆积或简单相加，而是人与人之间的联系或关系的总和。马克思指出："社会——不管其形式如何——究竟是什么呢？是人们交互作用的产物。"① 相互交往的个人结成了各种各样的社会关系，每个个人都处在特定的社会关系网络之中。正是这些社会关系的总和构成了社会。

---

① 马克思. 马克思恩格斯选集 第四卷 [M]. 北京：人民出版社，1995：532.

2. 生产关系是社会的本质和基础

马克思指出："生产关系总合起来就构成为所谓社会关系，构成为所谓社会，并且是构成为一个处于一定历史发展阶段上的社会，具有独有的特征的社会"。① 因此，更确切地说，社会是生产关系的总和，生产关系是社会的本质和基础。这样说的主要依据在于：第一，物质资料的生产是社会赖以生存的基础，因此在生产过程中人们结成的经济关系就成了一切社会关系中的最基本的、最原始的关系。第二，其他一切社会关系都是在生产关系的基础上产生和发展，受生产关系的性质所制约，并随着生产关系的变化而变化的。

关于这一思想，马克思在《政治经济学批判》序言中曾作过经典性的说明："人们在自己生活的社会生产中发生一定的、必然的、不以他们的意志为转移的关系，即同他们的物质生产力的一定发展阶段相适应的生产关系，这些生产的总和构成社会的经济基础，即有法律的和政治的上层建筑竖立其上并有一定的社会意识形态与之相应的现实基础。物质生活的生产方式制约着整个社会生活、政治生活和精神生活的过程。"② 这一经典性说明，为我们观察和研究社会现象提供了一把钥匙，为社会学研究社会提供了最基本的观点和方法。社会现象是极其复杂的，人们在交往过程中形成的社会关系也是多种多样的。

在马克思以前，社会学家们曾经就社会的本质问题进行过广泛的探讨，但总是难以分清错综复杂的社会现象中的主要现象和次要现象。只有马克思才真正揭示了社会关系中的最本质的关系。正如列宁所指出的，马克思"所用的方法就是从社会生活的各种领域中划分出经济领域来，从一切社会关系中划分出生产关系来，并把它当作决定其余一切关系的基本的原始的关系"。③ 我们只有把社会关系归结于生产关系，又把生产关系归结于生产力的高度，才有切实可行的依据把社会形态的发展看作自然历史过程，才能把握社会发展的客观规律性。

（二）社会的特征

1. 群体性

社会原始的意义就是群体性。社会是由人群组成的，人是社会基本的要素，没有人就没有社会。人是社会关系的承担者，人是社会活动的发动者和参

① 马克思. 马克思恩格斯选集 第四卷 [M]. 北京：人民出版社，1995：345.
② 马克思. 马克思恩格斯选集 第四卷 [M]. 北京：人民出版社，1995：32.
③ 列宁. 列宁全集 第一卷 [M]. 北京：人民出版社，1960：117.

与者，人是社会生活的开拓者，人是社会运行的推动者。在这个意义上可以说，人就是社会，社会就是人。但组成社会的人群，不是机械地集合在一起的，而是彼此结成了一定的社会关系，单个的人就是通过各种社会关系的联结形成了人的群体，从而组成社会。

社会既然是由具有一定的社会关系的人群组成，因此它和其他群居动物的所谓社会，就存在着重大的、根本性的区别。从现象形态上看，许多动物如狮子、猴子等，与人类一样也过着群体生活，但这是两种性质完全不同的群体生活。动物的群体生活是一种遗传行为，是一种生物本能现象，它和鸟筑巢、蜂酿蜜、海狸筑堤等同属于一种性质的生物遗传现象。而人类的群体生活则是人类创造的一种源于本能又超越本能的社会现象和社会性行为。

人类社会的群体性区别于动物"社会"的群体性的最根本之处，就在于它是建立在物质资料生产的基础之上的。我们知道，人和动物都要谋生，在这一点上两者不存在什么原则性的区别。群居动物谋生靠自身机体的能力，靠本能寻找自然界中现成的东西，其谋生方式是"非创造型"的。而人类谋生，则是通过生产劳动改变自然物，创造出人所需要的物质生活资料，其谋生方式是"创造型"的。因此生产劳动是人类群体和动物群体，人类社会群体性和动物群体性最根本的区别。

不仅如此，人类群体生活是在社会行为规范的约束和控制下进行的。在人类群体生活中，人们为了协调群体成员间的相互行为，在共同的活动中创造出供人们共同遵守的行为规范，并通过一代又一代人的学习和创造，将其保存和传递下去。社会行为规范控制着人们的行为，起着组织和协调人类群体生活、维护社会正常运行的重要作用。而动物群体生活则是受生物本能驱使的。

2. 制度规范性

群体生活决定了制度规范出现的必然。制度以约束人的行为为基本目的，而它的真正用意和效能在于协调群体生活，维护群体生活的秩序，保证群体生活的正常运行。这一点无论对于个人还是社会，都具有"成本最低效用"，因为只有制度下的生活才是损耗最小、成本最低的。人类社会与动物社会制度的区别大概就是它的精细性、创新性。

3. 系统性

现代系统论认为，一切事物都表现为系统的形式。所谓系统，就是指由相互联系的要素组成的并具有一定结构和功能的统一整体。用系统论的观点观察社会，人类社会也是一个系统。社会作为一个系统，首先在于它是一个由许多要素、部分或子系统构成的有机整体。构成社会有机整体的基本要素有环境、人口、语言和文化。这些基本要素之间的相互联系、相互作用构成了各种各样的群体、社区和阶级，并形成了社会的生产技术系统、经济关系系统、政治系统、思想文化系统四个子系统，这些子系统的相互联系使社会成为一个有机整体。其次，社会作为一个系统还在于它具有不同层级的完备功能。构成社会系统的各个基本要素、部分和子系统，都有自己特定的功能，由此形成了社会系统内部的不同的功能层级。例如，社会的生产技术系统的功能，是为社会的存在和发展创造和提供物质资料；而社会的政治系统则根据统治集团的物质利益和要求，发挥着保证社会生活的秩序化，协调社会各个组成部分的关系等功能。社会作为一个系统，具有区别于其他系统的特点。

第一，社会是一个复合系统。系统按其组成要素的属性可分为天然系统、人造系统和复合系统三种类型。人类社会虽然从直接意义上看是由人的活动创造的人造系统，但由于社会是以自然条件为其存在前提的，因此，社会系统是天然系统和人造系统的复合体，这也是社会系统复合性的一个方面的表现。社会系统复合性的另一个方面的表现是，它兼有物质实体和思想意识的双重性质，构成社会系统的不仅包括一系列的物质实体，如人口、地理环境等，还包括思想意识如哲学、宗教等。

第二，社会是一个随机性系统。系统有确定性和随机性之分。由于构成社会系统的主体是人不是物，这就决定了社会系统的运行除了受各种客观条件的限制外，还要受到人的主观意识的影响。人的主观意识构成了参与社会系统运行的变量。当这些变量在一个多样空间运动时，所表现出来的状态或结果就是随机的，即不是有一种可能，而有多种可能、多种结果，从而使社会系统具有不确定性。当然，随机性绝不意味着毫无规律可言，它的规律表现在概率之中，可用统计学的方法来测定。如果说社会运动的随机性来源于可供选择的样本空间数量，那么，社会系统运行的确定性则来源于参与运动的变量的数目。无数社会单元的相互作用，则有可能使运动趋势出现一个较为确定的自然历史过程，因此人们可以根据社会系统的随机性而了解其运行的大致趋势。

第三，社会是一个开放系统。系统有封闭系统和开放系统两类，社会系统是开放型的，它每时每刻都同周围的自然环境发生着各种物质的、能量的、信息的交换。在现代科学技术的推动下，社会系统与自然界的交换呈现不断扩大的趋势，从而使其开放程度大大提高。

第四，社会是一个日趋复杂、完善的系统。社会系统在自身矛盾推动下，不断由低级到高级、由简单到复杂地向前发展。原始社会系统其内部结构和功能简单，社会生活方式和内容也很单一，在生产活动之外，几乎没有其他专门性的活动，社会群体的形式也简单到只有一些以血缘为联系纽带的氏族、部落。随着社会的发展，在生产系统中分化出了物质生产系统和精神生产系统；在物质生产系统中又进一步形成了农业、手工业等；在精神生产系统中，也形成了艺术、宗教等许多形式的系统；在社会群体方面，有了初级社会群体和社会组织的区分，除生产组织外，还产生了政治组织和文化组织。在当代，社会系统的复杂程度又较以往时代大大地向前发展了。社会系统日益复杂的趋势，是其自身完善化客观要求的表现。因此，伴随着这种复杂化的同时，社会系统的完善程度也得到了增强。

4. 能动性

社会的主体是人，而人是具有能动地认识和改造世界的能力的，人的这种能动性决定了社会具有主动性、创造性和自我改造的能力。

人及其社会的这种能动性，首先表现在它能够主动地发现并调整社会自身出现的各种不平衡状态及情况。社会是极为复杂的体系，其内部充满着矛盾，各个构成部分之间由于在运动中变化的速度有快有慢，方向也各不相同，因此经常会出现不相适应的情况，有时甚至会发展到严重的不适应，使社会出现动荡不安、停滞或各种社会病态。但是，每当发生这种情况时，社会都能依靠自身的力量进行调节控制或者进行改革，或者爆发革命，使问题得到解决。其次，社会的能动性还表现在能够主动地发现并解决社会与自然之间的不平衡。社会每时每刻都要同自然界发生各种形式的交换，在这个过程中，不可避免地会出现不平衡状态。在这种情况下，人类社会总是能够总结经验教训，主动地进行调整使其实现平衡。在当代，"保护地球""保持生态平衡""减少灾害"，已经成为世界性口号，这些口号从一定程度上反映了社会对实现与自然界平衡的愿望和信心，而一些国家在这方面所做的工作以及所取得的成就，更证明了人类社会在实现与自然界平衡方面的能力。再次，社会的能动性还表现在它不断地创造着维持自身生存和发展的物质条件。自有人类社会以来，我们周围环境的面貌已经发生了巨大的变化。大至山川河流，小至生产和生活用具，到处都打上了人类社会性活动的印记，到处都有劳动加工制作的东西。特别是随着现代科学技术的发展，社会能动性空前提高，愈来愈多地维持社会生存和发展的物质资料被创造出来，在这个过程中，社会自身也得到了发展。

二、社会的构成要素

（一）自然环境

所谓环境总是相对于某一中心事物而言的。环境因中心事物的不同而不同，随中心事物的变化而变化。我们通常所称的环境就是指人类的环境。人类环境分为自然环境和社会环境。自然环境亦称地理环境，是指环绕于人类周围的自然界。它包括大气、水、土壤、生物和各种矿物资源等。自然环境是人类赖以生存和发展的物质基础。在自然地理学上，通常把这些构成自然环境总体的因素，分别划分为大气圈、水圈、生物圈、土圈和岩石圈等五个自然圈。人类社会存在的必要条件是生活资料的获取，人类要满足吃、穿、住等基本需求，就要在一定的生产力状态下，从自然环境中获取水源、土地、矿产等生产资料，从事物质资料的生产，以解决衣食之源和其他方面的物质需求。因此，社会来源于自然，又超越自然，是特殊的自然。

自从人类出现以后，自然环境不再是纯粹的了，而是加入了人与自然、人与其他生物之间的相互作用、相互影响，因此在讨论人类社会与自然环境的相互关系时，社会学家更多的是探讨"生态系统"与人类社会的关系。"生态"（eco-）一词源于古希腊字，意思是指家（house）或者我们的环境。简单地，生态就是指一切生物的生存状态，以及它们之间和它与环境之间环环相扣的关系。因此"生态系统"既包含有人、自然等要素，也包括了人与自然的相互关系。

（1）顺应关系

在靠渔猎和采集生活的时代，人类只能听从自然环境的摆布，自然环境主宰着人类的命运。人类只能消极地依赖自然环境的恩赐。这种人类对自然的依赖关系伴随着人类度过漫长的渔猎社会。

大约到了 1 万年前，人类社会经过缓慢的发展，终于进入农业社会。人们栽培植物、驯养动物，必须顺应自然环境的变化。

（2）掠夺时期

到了 200 多年前，工业革命的浪潮开始从欧洲向全世界蔓延，机器大生产创造了以往时代无法想象的生产力，社会对自然资源的要求激增，以达到了掠夺自然资源的程度。发达资本主义国家为了掠夺世界自然资源，抢古国际市场，还发动了两次世界大战。人类对自然资源的掠夺性开发，造成了严重的环境污染和生态失调，已达到了威胁人类生存与发展的程度。

（3）和谐时期

第二次世界大战以后，人们面临环境污染和资源枯竭的威胁，开始意识到自然环境是人类社会非常重要的组成部分，人类社会也是自然界的一部分，毁灭自然环境就等于毁灭人类社会本身。因此，人们已不再追求人造的物质世界去代替自然界，而是把自然界人化，从而使自然界与人类和谐发展，保持自然界与人类社会的生态平衡。

因此，人类社会对自然环境的作用，逐次表现在开发、利用、改造、破坏、污染、治理、保护方面，人类社会不是消极地适应自然，而是能动地顺应自然、改造自然和保护自然。不迄今为止，国际社会在推进可持续和发展，促进环境保护，促进社会和谐方面取得了一定成绩。但是，由于贫困、缺乏政治意愿、资源消耗过大以及缺乏有效的全球环境管理机制等因素，全球环境总体恶化趋势并没有得到遏制，这仍然需要社会科学者、经济科学者和环境科学者共同研究和探讨，政府、企业和人民的共同努力。

（二）社会中的人

人是有目的、有意识的行动者。人同时具有生物性和社会性这种状况决定了人的行动既受其生物性影响，也受其社会性影响。但是，人受生物性、社会性影响的领域和程度不同。

在有些领域，人的行动受其生物性即其本能的影响。但是在社会生活中，当他作为一个社会成员出现时，他的行动则主要受其社会性影响，即要遵照文化和社会规范的要求去行动。因为人的生物性并不能使人们形成社会，社会是以人们共享的文化、行为规范而组织起来的。这样，共享的文化、行为规范就成为人们进行共同活动的中介，而共享文化、行为规范就是人的社会性的表现。

人不但是以人们共同创造的文化、行为规范为基础行动的，同时人也具有主体性，即人能够根据自己享有的文化、价值观念，并根据具体情况进行行为的选择。对于不同社会中的人来说，他所进行的主体性选择或选择的行为可能是有差别的：在以个人主义为中心的社会里，个人选择遵循了社会所认可的理性主义的价值观；而在以集体主义为中心的社会里，个人选择行为常常更多地考虑集体利益，在这里，集体价值已经内化为个人价值。实际上，任何社会的文化、价值观、行为规范都是复杂系统，人们所面对的具体情境又多种多样，在这种情况下人们的行为也是复杂多样的，人们要依据自己的内在需要和外部环境对行动进行选择，这反映了他的主体性及人是社会行动者的特征。

社会行动者（social actor）也称行动者，它是指从事社会行动的人，即享有以文化和价值为基础，有目的、有意识活动的人。人作为社会行动者反映了他的主体性和能动性，也反映了他的客体性，是人的主体性和客体性的统一。

人的主体性是指人可以主动地采取自己认为合适的行为的特征，即人是从事社会实践的主体。自然主义的人类观把人视为以生物属性为基础的被动地适应外界刺激的行动者，比如在行为主义看来，人的行为模式就是刺激-反应。在这里，人是被动的，充其量在于去解释这种刺激的含义并做出反应，而没有主动的、创造性的含义。在现实社会中，人实际上是积极的行动者，他是有意志的、有选择性和创造性的行为主体。人的主体性表现为：人是有意志的（或有意识的）活动的主体，虽然这不能被理解为人可以随心所欲地活动；人是对一定的行为进行选择的主体，即他在众多可能的活动中进行选择，当然，这种选择也是受客观条件制约的；人的活动具有一定的能动性和创造性，而不只是固守已有的模式，尽管这种创造性的程度有所不同。人的客体性是指每一个人都是他人行为的对象，他必须在一定的社会关系中生活，并在一定程度上"接受"对方的行为并做出反应。客体性含有被动的意思，但它并不只意味着被动性，而主要是表明他人行为的对象性。在现实社会中，人既有主体性也有客体性，但它们在不同人身上的表现有所不同。

（三）社会关系

社会关系是社会结构的基本元素，马克思关于社会的定义指出了这一点，在马克思看来社会是社会关系的体系。社会关系是人与人之间的关系，但社会关系不是指个别人之间的关系，它是社会中具有一定普遍性的联系。在社会群体中，人与人之间的关系常被称为人际关系，这是一些具体的关系，对人际关系的研究主要涉及当事人的心理、情感和情景方面。社会关系则是从更加概括和抽象的意义上说明处于相同或类似的社会相对位置上的人们之间的共有的行为模式，比如父母与子女的关系，老师与学生的关系等。从结构的角度来看，社会关系是在社会中占有一定位置的社会角色之间的关系，即它们之间的稳定的、合乎社会期望的相互作用的模式。这就是说，社会关系为扮演某种角色的人提供了行为的模式，而这种行为模式反映了社会（世人）对这两种人之间相互作用方式的合理性的认可。比如作为社会关系的父母和子女的关系实际上是社会所认可的、存在于这两种人之间的一系列相互行为的模式。按照这种观点，社会就是由多种角色所组成的结构，社会也就成为由多种社会关系结合而成的体系。

从结构的角度来说，社会关系是指角色之间的关系。社会角色的多样化造成了社会关系的多样化。但是从列举具体角色的角度来认识社会关系是困难的，因为社会角色的多样性令人数不胜数。在社会学中，一般从两个角度来认识社会关系：角色纽带的性质和角色之间结合的性质。从纽带的角度来看，社会关系基本上分为三大类，即血缘（血亲）关系、地缘关系和业缘关系。血缘关系是由于婚姻和生育而形成的人与人之间的关系，如家庭、家族成员之间的关系和亲戚关系。地缘关系是由于地域上的邻近和日常生活中的交往而形成的关系。业缘关系则是由于事业上的原因而形成的关系，如同事关系、上下级关系。

形式社会学是研究社会交往的纯粹形式的社会学流派，他们认为由人与人的社会交往形式反映的社会关系具有普遍性，并把它们分为结合关系、分离关系、混合关系。这是从社会关系的性质的角度进行的分类，沿着这一思路可以把社会关系分为结合关系（包括和睦关系、协作关系、共同关系、强制关系）、对立关系（包括反感关系、竞争关系、斗争关系、敌对关系）、统治关系（包括忠诚关系、依法关系、序列关系、隶属关系）。

在分析社会的结构时，从前一种角度着眼看到的是社会由哪些不同的成员和关系组成，而后者看到的是这些关系所包括的权力、利益关系是什么，社会是何等复杂的权力、利益关系的体系。

（四）社会行动

1. 社会是一个行动的体系

如果从社会角色背后的行动的角度看社会，那么可以说社会是其成员复杂行动的体系。社会关系应该是根据行为的意向内容相互调节的，并以此为取向的若干人的举止。像社会关系体系一样，社会行动的系统也十分复杂。在一定的社会中，社会行动并不是杂乱的和无规律的，社会关系及反映这种关系的行为规范为人们的行动提供了方向，扮演特定角色的人则以自己对行为规范的理解而采取行动。

2. 社会行动与社会结构的形成

社会结构并不是一开始就有的东西，社会结构的形成是一个过程，结构是被反复不断地组织起来的一系列规则或资源，不断纳入结构的包括人类行动者在具体情景中的实践活动，行动者在行动时利用了丰富多样的行动情景下的规则和资源。行动者与结构的构成过程并不是相互独立的两个系列，而是体现着二重性。这种把行动与结构联系起来，并认为它们不断再成功的观点更加接近对社会结构实际的认识。

第二节　社会学的作用和特点

一、社会学的作用

（一）参与制订社会发展计划

社会发展计划是一个国家社会发展的根本方向，是社会建设的蓝图，也是开展各方面社会建设的依据和标准，因此必须建立在科学的基础之上。所谓科学基础，就是要求计划符合社会的客观实际，实事求是。社会学的整体发展观点可以帮助人们在制订发展计划时，注意协调经济、政治、文化教育、科学技术以及人的自身发展等方面的关系。同时，社会学还可以指导人们运用相关理论和方法了解国情、民情，并在此基础上研究社会发展的指标体系，为制订社会发展计划提供参考和依据。

（二）参与社会管理和社会政策研究

社会管理是一项十分复杂的综合性工作，从广义上说，它包括政府的行政管理、企业的经济管理、科教文卫事业的管理、社会公共秩序和社会治安的管理、社会工作和社会保障福利事业的管理等。搞好这些方面的管理不仅需要各部门的专门知识和技能，而且需要管理者具备综合的、整体性的社会学观点，需要社会调查的技能以及运用这些研究成果的能力，尤其是社会学关于社会组织、社会工作的研究和关于社会生活方面具体问题的调查研究，对于社会管理有着直接的现实指导作用。

社会各部门的管理尽管在其内容与方式上都有各自的特殊性，但就其实质而言，都是对人的管理，更确切地说，是对人的社会行为的管理。因此，社会管理的基本任务就是制定社会政策和相关法规，以及采取各种社会措施来协调人与人之间的各种社会关系，规范和引导人们的社会行为。社会学的作用贯穿于制定政策和实施政策的全过程。例如，人们可以运用社会学理论了解社会现实状况，了解社会成员的需求、人们的价值观念和意愿、态度和行为趋向等，从而为制定政策提供参考。

（三）协助政府解决社会问题

社会问题是社会内部矛盾运动的产物，是社会关系失调的表现。任何一个社会在其运行过程中都在不同程度上存在着不同性质、不同形式的社会问题，即使是在良性运行的社会中，也会存在这样或那样的问题。社会问题是社会发展不平衡的表现，社会变迁的速度越快，可能出现的社会问题就越多。社会问题影响了正常的社会生活，因此，对这些问题的关注是社会学的责任，寻求解决问题的方法是社会学研究的重要内容。当前，我国正处于从计划经济向社会主义市场经济转变的社会转型时期，这场深刻的社会变革不仅速度快，而且变革的深度、广度和难度都空前未有，特别是现在改革已经进入了攻坚阶段，新问题、新矛盾不断出现，研究这个转型过程，协助政府解决社会变迁过程中的种种问题，是我国社会学义不容辞的责任。

（四）帮助人们自觉调整社会行为，更好地参与社会生活

社会学所提供的基础知识实际上是将公民社会生活的一般常识系统化、理论化，因此十分贴近生活。社会学的研究和教育可以帮助人们普及社会学知识，使人们对发生在自己身边的社会现象的认识更加理性，通过学习社会常识，懂得做人的规范，树立正确的价值观念。社会学在帮助人们掌握科学的社会知识的基础上，使人们在维护和改善现存的社会结构、社会制度以及改革不利于社会发展的社会体制过程中避免盲目性，增强自觉性，使自己的社会行为更加合理，更符合社会运行规律。特别是在当前的社会转型时期，各种利益关系在改革过程中得以重新调整，会引发人们心理上的不平衡，社会变迁的现象使人们感到困惑，商品经济运行中的种种诱惑也会改变人的社会行为等。学习社会学的知识可以帮助人们更好地认识社会、认识自己与周围环境的关系，从而及时地调整自己的行为，更好地参与社会生活。

二、社会学的特点

(一) 广泛性

就社会学独具的特点而言，它是研究别的社会科学学科或理论都涉及但又都不专门研究的东西。从这个独具的特点出发，它便有了远比其他学科突出的一个特点，即广泛性。

首先，社会学的研究范围极其广泛，它可以研究社会的每一个方面。社会的每一个方面在发展过程中，总会出现影响其发展甚至影响整个社会发展的社会现象和社会问题。学术界对社会学不论持何种意见的人，有一点看法是共同的，社会学以研究社会现象特别是社会问题而著称。因此，社会学自然很容易地沿着研究社会现象和社会问题进入社会的每一个方面（当然，社会学对社会每一个方面的研究，都有自己的侧重点，而不是去包揽别的学科的研究内容）。

其次，社会学在考察某一社会要素或社会现象时必然广泛地综合一系列相关学科的研究，因为它总是着眼于诸相关社会要素或社会现象之间的相互联系、相互影响，而这些社会要素或社会现象分属于众多不同的专门学科的研究对象或研究范围。社会学的这种广泛综合，有效地消除了不同学科之间的传统界限，使社会学成为促进学科融合的骨干。

再次，社会学不仅能广泛地与几乎每一门学科相结合，形成一系列的分支社会学（如政治社会学、法律社会学、伦理社会学、宗教社会学、历史社会学、医学社会学、地震社会学、生态社会学、数学社会学等等），而且能进一步广泛地根据社会中任何一种尚未被现有学科比较深入研究或完全未被研究的社会现象和社会问题，根据社会科学研究中的一切薄弱点和空白点，产生新的分支社会学（如闲暇社会学、劳动社会学、集镇社会学、住宅社会学）或新的社会学问题（如高层建筑中的社会学问题——高层建筑中的犯罪、人际交往、生活方式等，电脑网络中的社会学问题——虚拟社区、网络生活等，外层空间中的社会学问题——不同国家宇航员之间的沟通、交往、互动、和谐共处以及宇航员的行为等）。在现有的一切学科中，恐怕还没有哪一门学科能像社会学那样，具有如上所述的广泛性。这种广泛性使社会学成为促进学科不断分化和新学科不断产生的基础。

（二）整体性

所谓整体性，主要是指社会学十分注重以整体的观点来研究问题。社会学在研究任何社会现象、社会问题或者社会要素时，都不是局限于它本身，而是将它放在整个社会中，从它与社会整体的相互影响、相互作用的角度进行研究。这种研究，实际上就是通过整体来考察部分，从而达到不仅把握部分，而且由此更进一步把握整体的目的。例如，社会学对下岗的研究，就不是把这种社会现象与社会整体割裂开来，就下岗本身谈下岗，而是从整个社会转型的角度来看下岗，即一个社会为了自身整体结构的协调，而对自身整体结构进行某种调整时，不可避免地出现一些企业的兼并、重组、消失，或者一些机构、部门的撤销、合并、改组之类的情况，不可避免地导致各种社会组织内部的变动，从而使一些工作人员（包括工人、干部、职员、教师等等）被分离出来，形成下岗现象。这是一个社会整体为求得良性运行或协调发展所必然付出的代价。同时，这种代价又必须严格控制在合理的范围内，并且尽可能缩减这种代价。所谓合理，其根本点就是在这种代价付出的同时，整个社会的稳定能得到可靠的、并且是持续的保证。这就要求通过一定的途径（比如立法、及时出台配套政策），使下岗者的比例控制在一定的范围内，使下岗者及其赡养家属的基本生活、看病、子女上学等费用得到可靠而持续的保证，使下岗者尽快再就业。此外，还必须遏制贫富悬殊，适当调整效益与公平的关系，等等。如果不是这样，整个社会的稳定必然受到负面影响甚至破坏。没有社会稳定，什么也干不成，社会结构通过调整以求协调就不可能，社会良性运行当然也无从谈起。

社会学之所以这样看问题，是因为社会是一个有机的整体，即构成这种整体的各个社会要素不是简单地、偶然地或者杂乱地聚集在一起，而是按照一定的层次、次序、比例等结合起来的，也就是有序性。这种有序性是社会整体结构的协调或平衡的保证。当其中的任何一个或几个社会要素过分突出或者过分弱化时，就会破坏这种有序性。而社会整体结构有序性的被破坏，也必然使社会要素受到负面作用。这样，无论是社会整体还是社会要素，都不可能正常存在和顺利发展。因此，社会学在以整体性的眼光看社会现象、社会问题或者社会要素时，总是要考虑到社会的整体结构状况。

（三）实践性

社会学是一门具有强烈的实践性的学科，实践性可以说是社会学的基本特点。这一特点在以下两个方面表现得尤为突出。

第一，社会学总是一方面根据人们在社会实践中产生或提出的有关问题来确定研究课题，或者到实践中去寻找这样的课题，并在社会实践中收集充分的第一手资料；另一方面又将研究成果用于社会实践，特别是解决各种社会问题的社会实践。因为只有这样，社会学才能深入地、全面地揭示社会良性运行的具体条件，达到研究的目的；也只有这样，一个国家的社会学才能在把握本国具体的现实状况的基础上，建立起具有本国特色的社会学体系或理论，适应社会学"本土化"的历史必然要求。各国社会学的历史与现状已表明了这一点。

第二，社会学的许多重要内容与社会实践紧密结合在一起。例如，社会学体系的基本组成部分之一和社会学研究方法的基本内容之一，社会调查研究，不仅是直接通往社会实践的桥梁，而且在很大程度上就是社会实践的一种具体形式。又如，在社会学中的重要地位日益突出的社会指标及社会指标体系，就是现代社会人们进行各种社会管理的实践活动及与之相关的其他社会实践活动的一种基本工具或手段；无论是其研究、制定还是具体实施，都须臾不可离开社会实践。特别是作为社会学重要构成部分的专业化社会工作（如社会救济工作、救灾减灾工作、扶贫工作、越轨行为的矫治工作等等），更是经常与社会实践融为一体。参与这种社会工作的社会学工作者和职业社会工作者，其主要的社会学研究活动，就是探讨并帮助政府或某些专门的社会团体（如慈善组织）采取各种适当的措施，援助那些因贫困、疾病、免职、失业、冲突、家庭解体等而在经济上或社会环境中陷入困境的人；同时，还参与社会福利政策与社会预防方案等的制定。所有这些，都明显地表现出强烈的实践性。

（四）多样性

多样性主要是指社会学的纷繁多样，极不统一。一个国家往往同时并存多种彼此很不相同的社会学，各国的社会学之间差异就更大。例如，美国出版的社会学著作和教材汗牛充栋，它们当中有不少无论是在研究对象、研究内容、研究范围方面，还是在体系结构、理论观点上，都各有一套说法。如果把不同国家里比较系统地论述社会学原理的社会学论著及教科书拿到一起比较，就会看到它们无不是针对或围绕着本国情况而展开论述的；有些国家的社会学教科书甚至干脆以本国社会总体情况的介绍作为开篇，紧接着以社会学的一般理论对本国社会状况作不同侧面的分析，直至终篇。这种情况使得各国的社会学之间，从总体构架到具体的理论阐述都迥然不同，使人明显感到各国在社会学上的差异，远甚于在其他社会科学学科上的差异。

产生这种情况，除了人们认识上的差别以外，主要是社会学鲜明的民族性、地域性所致。社会学研究社会的运行状况，必须有一个由特定的民族和地域所构成的社会为依托，而这种依托只有建立在本国现实社会的基础之上，社会学这门学科才可能迅速、直接而普遍地引起人们的关注，充分发挥其社会作用或功能，从而获得蓬勃的生命力。这也就是各国社会学无不经历了或正在经历"本土化"过程的道理。正因为如此，所以我们必须根据我国的具体情况进行社会学的学科建设，而不能照搬外国的社会学。

（五）敏捷性

社会学是一门对社会发展变化反应十分敏捷的学科。首先，社会学的研究对象已内在地要求社会学充分注意现实社会的发展状况，因而任何一种关系到现实社会能否良性运行的社会现象、社会问题只要一出现，便立即进入社会学的视野，并迅速成为社会学的研究课题。其次，社会学产生、形成以及在各国蓬勃发展的一个基本原因，是对社会问题的广泛而长期的研究。广泛而长期地与各种社会问题打交道，使得社会学形成了一整套关于社会问题研究的理论与方法，所以社会学能迅速捕捉社会问题，包括可能萌发的社会问题，并对之多方面地剖析，提出解决的措施。再次，社会学由于不仅同几乎所有的社会科学学科有联系，而且同自然科学的联系也较紧密，并与科学技术发展的关系密切，越来越多地以当代科学技术和手段作为研究工具，如电脑、录音、录像、摄影等，信息灵敏。虽然建立在现代科学技术基础上的现代社会复杂多变、发展迅速，但社会学能做到同步反应。最后，前述社会学的实践性特点，必然使社会学同时也具有敏捷性。例如，社会学研究中经常、广泛的社会调查研究，就使得社会学能以比其他一些社会科学更快的速度，发现社会发展中出现的新情况、新问题。

第三节　社会学与其他社会科学学科的关系

作为特殊地位的社会学，与哲学的关系集中表现为社会学与历史唯物论的关系。而社会学与历史唯物论的关系曾经是理论界非常关注的问题。早在 20 世纪 30 年代中期，苏联就以马克思主义历史唯物论就是最高的社会学为由，砍掉了社会学课程，直到 50 年代中期，社会学课程才得以恢复。但围绕着"要不要把社会学作为独立学科"的问题，掀起了一场旷日持久的跨国大论战，直到 1968 年才基本统一了意见。而我国在苏联的影响下，也于 1952 年取消了社会学，到 1979 年才恢复社会学课程，并统一了意见，把社会学作为一门不同于历史唯物主义的独立学科。

本书认为，历史唯物论和社会学之间是一种既密切联系又相互区别的关系。二者的联系表现在：社会学最初是哲学的分支学科，它与历史唯物论都把社会作为一个整体来研究，由于历史唯物论是研究社会发展的普遍规律，因而它为社会学提供理论指导，而社会学则以自己的理论成果充实与丰富历史唯物论。

尽管如此，历史唯物论也不能取代社会学的研究，二者之间存在着重要的区别：首先，二者的学科性质不同。历史唯物论属于哲学学科；而社会学则是综合性的社会科学学科。其次，二者研究的侧重点与目标不同。历史唯物论立足于所有的社会发展形态，通过社会基本矛盾运动的研究，目标在于揭示整个社会历史发展的最一般规律最普遍的规律；而社会学则立足于现实社会，侧重于社会结构、功能、机制的研究，目标在于揭示社会现实运行的特殊规律，保证现实社会的良性运行。最后，二者的研究方法也不尽相同。历史唯物论主要借助于对各门具体科学知识进行抽象、概括，它的主要方法是抽象、概括；而社会学则必须深入社会实际，依靠社会调查获得的第一手资料来进行综合分析、实证研究。

社会学作为一门综合性的社会科学学科，与其他社会科学学科是一种相互补充与相互借鉴的关系，二者不能相互取代。总的来说，社会学与其他社会科学学科虽然都以社会为对象，但具体的社会科学学科是以社会的某专门领域为研究对象，而社会学则针对社会各个领域之间的关系把社会作为一个整体来研究的。然而，它们既然都关注社会现象，就必然存在着千丝万缕的联系。社会学在对社会结构与发展过程进行研究时，需要依靠其他社会科学学科已经取得的研究成果，并受其他社会科学学科发展状况的影响；而各门具体社会科学学科又不断运用社会学的理论来深化自己的研究，并由此形成一些边缘性学科，如政治社会学、经济社会学教育社会学、法律社会学与宗教社会学等。

一、社会学与经济学

经济学是研究各种经济关系和经济活动规律的科学。科学的、实证的研究方法使经济学成为精确的科学，但如果把经济现象孤立起来，不能与认识动机、社会制度等因素联系起来考察，经济研究同样会陷入困境。因此，经济学研究社会的精确性与社会学研究社会的综合性相互补充。不仅如此，二者在思维方法上表现出极大的一致性，它们都注重体系思考，重视各部门之间的关系，而且都是越来越重视以数字模式进行定量分析。

经济学与社会学之间的共同性与互补性，使两门学科相互交叉渗透而形成了经济社会学。经济社会学是专门研究经济与社会的相互关系以及经济过程中经济因素与非经济因素相互作用的一般规律的社会学分支学科，比如，研究不同类型的社会群体对交换或消费等经济活动的影响。

二、社会学与政治学

政治学是研究权力的形成、行使与运作的学科。它与社会学有密切的联系，政治学要运用社会学的理论视野和方法分析探讨政治现象的社会原因、政治行为、权力以及政治体制包括政治哲学等问题；而社会学也要研究社会政治结构与现状、政治哲学，以及政治哲学与政治体制的关系等。二者的交叉融合必然产生政治社会学。

政治社会学与政治学虽然都把政治现象作为自己的研究对象，但二者之间有明显的区别：（1）政治学偏重理论研究，而社会学与政治社会学则注重经验研究；（2）政治学研究政治制度本身，而政治社会学则研究政治与社会的关系；（3）政治学和社会学都是一门独立的学科，而政治社会学则是社会学的分支学科，或者说是政治学与社会学的交叉学科。

三、社会学与心理学

心理学是研究人的心理现象与作用的科学，它关注人类个体的感觉、情感、记忆、意志等。它与研究社会整体的社会学有着较大的区别。社会学关注人的社会行为，而心理学则关注的是行为的内在机制。由于社会环境对人的个性行为有着重大的影响，因而社会学和心理学必然发生交叉，产生社会心理学。社会心理学从人类的共性心理（社会心理）来揭示人与社会的关系。它既是社会学的分支学科，又是心理学的分支学科，因而社会心理学也可称心理社会学。社会心理学与社会学的共同之处在于：二者都注重从社会环境与个体的相互作用入手去分析问题；并且在研究方法上都注重采用测验、实验问卷、访谈、个案研究等实证方法。虽然他们都相互依靠对方的研究成果，但社会心理学是社会学的深入和补充。

四、社会学与人类学

人类学是专门研究人的综合性的社会科学学科。它和社会学一样，都属于综合性的社会科学学科。前者主要研究人类如何产生发展的，其对象是完整的、小规模的、古老社会中的人。人类学在其发展中分成两支：自然人类学和文化人类学。前者不与社会学有交叉，后者则是与社会学直接交叉的产物。社会学与文化人类学之间关系密切，二者相互吸取着对方的研究成果，但却不能将二者相混同，其区别主要表现在：（1）人类学研究人类的起源与发展，而社会学则研究社会与人的关系；（2）方法上，人类学以个案分析为主，进行定性研究，而社会学则主要以统计调查问卷的方式来综合分析研究，重定量的经验研究。

五、社会学与历史学

历史学是研究人类社会历史发展的综合性的社会科学学科，它通过确认史实来发现以往社会变迁与发展的规律。社会学与历史学都是立足于人类社会整体进行综合性研究的学科，但二者研究的侧重点却有着很大的差别：（1）历史学从社会事件的先后顺序入手，侧重研究各个社会的发生、发展、衰落和灭亡的规律，是一种纵向学科，而社会学则更关注同一时期的横向研究，分析社会的构成以及各种社会构成要素的协调；（2）历史学研究过去，目的是总结经验，而社会学则研究现实并关注未来；（3）历史学大多关注对历史事件真相的研究，而社会学则侧重原因分析；（4）历史学研究社会关系的结果，而社会学则关注社会关系的变化。社会学与历史学相互交叉，形成了社会历史学。

第四节　社会学研究的方法

一、社会学研究的方法体系

每一门学科在其发展过程中，都会形成一套适合于自己的方法体系。社会学研究的方法体系是由社会学研究的方法论、各种具体方法以及研究技术三个层次构成的。

社会学研究的方法论是它的最高层次。在这个层次上最有影响的方法论是马克思主义哲学方法论、实证主义方法论和非实证主义方法论。马克思主义哲学方法论，是运用马克思主义哲学理论特别是历史唯物主义观察和处理问题的根本方法的理论体系，它从哲学世界观和方法论高度指明社会学研究的方向和道路，构成社会学研究方法体系的基础。实证主义方法论的基本观点表现为：第一，社会学的研究对象和自然科学的研究对象一样，都是纯客观的，社会现象背后存在着必然的因果规律。第二，社会现象既然是有规律的，因而是可以被感知、被概括的。经验是科学知识的唯一来源，只有被经验证实了的知识才是科学。第三，作为一门科学的社会学，它的任务在于说明社会现象是什么，而不是应该或必须是什么。第四，自然科学的方法适合于研究社会。非实证主义方法论是在与实证主义方法论的挑战、争论中形成的。其特征可以概括为三点：第一，强调在自然现象和社会现象之间做出区分，突出社会现象的特殊性、不可重复性，要求社会学使用与自己研究对象的特点相适应的方法，反对把自然科学方法绝对化；第二，突出社会行动者的主体性、意识性和创造性，反对把人当作非人格的物化现象；第三，主张借助"价值关联"，理解人的主观意识在社会认识上的重要作用。

社会学研究方法的中间层次是具体方法。这个层次的主要内容有社会调查法实验法、统计法。其中社会调查法包括普查、典型调查抽样调查、个案调查等方式，另外还有观察法、访问法、问卷法等具体方法。

社会学研究方法的最低层次是各种专门技术和工具。专门技术包括观察、访问、定量分析和定性分析等方面。观察和访问属于收集资料方面的技术，而定量分析和定性分析则属于分析资料方面的技术。工具包括观察记录表、问卷表、测量表、统计表等量度工具，以及照相机、录音机、录像机、电子计算机等辅助工具。

社会学研究方法体系的这三个层次是相互联系、相互制约的。方法论是整个社会学研究方法体系的基础，它为具体的研究提供认识原则和理论指导，决定着具体研究方法的运用。而具体研究成果的积累、具体研究方法和专门技术的进步也必然促进方法论本身的发展。社会学研究方法体系正是在这种相互影响和相互制约的过程中不断完善，从而构成为一个严密的科学体系。

二、社会学研究方法的原则

社会学是研究社会整体结构及其运行规律的社会科学，它只有在历史唯物主义指导下，才能变成科学。马克思主义以前的社会学家，往往用主观主义、形而上学的方法研究和分析社会现象，因而他们不能对其做出科学的说明，不能提出解决社会问题的正确方法。马克思和恩格斯创立了辩证唯物主义和历史唯物主义，把这种科学的世界观和方法论应用于社会研究，从而把社会学置于科学的基础之上，为社会学的研究开辟了正确的途径。

我国社会学的研究，必须遵循如下几个方法论原则。

（一）理论研究与社会实践相结合的原则

在西方社会学的发展过程中，社会学研究曾出现过两个极端。20 世纪以前，孔德、斯宾塞等人注重的是理论模式的研究，忽视了经验研究；20 世纪以后，经验研究受到了重视，而理论概括却又被忽视了，当前西方社会学普遍存在着"理论危机"。马克思主义社会学坚持理论研究与社会实践相结合的方向。研究社会问题不能把自己关在书斋里，要想得到科学、完整、系统的社会知识，必须走出书斋，到群众中去，到社会中去，到火热的斗争实践中去。马克思为了写作《资本论》，恩格斯为了写作《英国工人阶级状况》等书，都曾亲自到英国政府机关、工厂、工人住宅区等地进行实地调查，收集了大量第一手资料。当然，仅有社会调查还是不够的，社会调查只是理论研究的基础。要把丰富的实际材料上升到一定的理论高度，还必须进行科学的理论研究，没有科学的理论研究，就不能从中寻找出客观事物的内在联系和发展规律，社会调查就将成为浮于表面的活动。

(二) 实事求是原则

实事求是是马克思主义的根本方法，也是社会学研究的根本方法。社会学研究要面对现实，只有尊重客观事实，切从实际出发，才能取得预期的结果。按照实际情况决定工作方针，这是一切共产党员必须牢牢记住的最基本的工作方法。我们所犯的错误，研究其发生的原因，都是由于我们离开了当时当地的实际情况，主观地决定自己的工作方针。实事求是是马克思主义的基本原则，也是科学的社会调查的根本指导思想。

(三) 科学化原则

科学化是当代社会学研究的重大特征。第二次世界大战以后，由于科学技术的迅猛发展，人们对自身及社会生活的了解能力日益增强。尤其是系统论、信息论、控制论等现代科学方法论的出现，使人们对错综复杂的社会现象的科学研究成为可能。社会学研究的科学化，是指社会学研究为了适应现代化的需要，在其实施过程中，充分吸收、利用当代科学技术的新成果，不断优化社会学研究的方法，充实新的内容，使社会学研究的理论、方法和手段不断现代化。

在科学技术日益进步的推动下，社会学研究除了运用一些行之有效的传统的研究方法和技术手段外，又创造性地运用了一系列科学研究方法和先进的技术手段，如系统分析、功能分析要素分析、结构分析、相关分析、回归分析、可行性分析、目标选择与科学预测、电子计算机的数据处理等。这些科学的方法和先进的技术手段运用于社会学研究中，使定性分析与定量分析相结合，单因素分析与多因素综合分析相结合，既提高了社会学研究的科学性，又显示了社会学研究的时代性，有效地帮助人们更好地认识社会生活规律，解释社会生活现象，指导社会变革。

三、社会学研究的具体方法

一般来说，持有功能论和冲突论的研究者更倾向于定量研究，而持有互动论的研究者更倾向于定性研究一因为关注个体的研究没有办法从数量上来定义。当然，定量研究在社会学的研究中占有主体地位，有些研究是在定量研究上的定性研究，也有的是在定性研究基础上的定量研究。社会学有较多的研究方法，下面我们来学习社会学中常用的研究方法。

（一）调查研究

与新闻记者一样，社会学中使用最普遍的研究方法就是调查，这是询问大量人群的意见，观察他们的态度和行为，以期发现他们是怎样思考、感觉和行动的方法之一。那么，调查研究又遵循什么样的规律呢？

（1）选取样本

根据调查问题所面向的整体情况，按照一定的比例和样本选取办法，选择出调查的样本。比如调查学生作业负担情况，我们可以按照地域选择东部、中部、西部的人群，当作研究的样本。样本的选取有很多办法，最为常见的办法是随机抽样，就如央视采访街头人群是否幸福一样，以偶遇为基本手段，调查整体的样本每一个人都有被选中的机会。这种样本调查的结论具有较大的偶然性，在样本数量选取有限的情况下，甚至会出现完全相左的结论。社会学者使用更为普遍的是系统抽样，这种抽样办法是遵循某一特点方案，比如按照成绩排序表中每隔5人抽一人作为调查对象。还有一种抽样的办法，就是分层随机抽样，它是将调查对象细分为群体或者阶层，然后在每一层中随机抽样。比如按成绩分为优秀、良好、中等等层次，然后在某个层次中抽样。

（2）设计研究工具

样本选定之后，调查研究的下一步就是设计研究工具。一般来说，社会学的研究工具有问卷调查表、访谈表或者测试表。有的调查还动用了多种工具，但是无论运用了哪种工具，问题本身才是最重要的，它要求被别人准确理解并进行恰当的回答。比如我们上面举例的信息素养的调查中，设计信息意识的调查问题的时候，我们要使用"你会用哪些搜索引擎来解决问题"，而不是简单地问调查对象是否具有信息意识。一般来说，调查使用的问题越具体，调查对象对问题作准确理解的可能性越大，所得到的回答就会越准确。一般来说，封闭式问题较之于开放性问题更容易被理解和解答。当然，有的问题可以设计成开放性的，以便人们自由地表述意见。

（3）得出结论

收集到足够的信息之后，就通过计算机进行相应的处理，分析出结论，然后整理成成果。当然，调查结论要注意样本是否真正地代表了调查总体的分析。

（二）实验法

实验法，就是在控制某些条件的情况下研究变量之间因果关系的方法。为了控制某些自变量可能对因变量产生的影响，常常在实验中将被试或实验对象分为两个组：一组是实验组，另一组是控制组。通过对两组实验结果进行比较，检验某些变量之间是否存在因果关系。

实验组和控制组的划分和建立通常有两种方法：一是随机分组法，即将实验对象随机地分配到实验组和控制组中；二是配对法，即根据变量相应的原则，如教育投入量、收入水平、教育水平、性别、年龄、民族等，将实验对象分配在实验组和控制组。

实验法分为自然实验法和实验室实验法。自然实验法是利用社会情境的自然状态，将其中的一种情境作为实验组，将另一种情境作为控制组，然后观察并比较它们的异同，以解释变量之间的关系。实验室实验法是科学研究典型的实验法，即通过设置实验室环境，将想要控制的变量加以控制，以便观察和发现某些变量之间的关系。在社会科学研究中，由于研究对象是人，实验室实验法会存在伦理问题及其他局限性，所以通常采用自然实验法。小范围的研究常常运用自然实验法，一些大规模的研究也会运用自然实验法。

无论是实验室实验，还是自然实验，都离不开观察，所以，实验法常与观察法结合起来运用。

（三）观察

社会学观察是一种获取数据的办法。通常来说，社会学观察主要有实验室观察、实地观察、非参与性观察和参与观察。实验室观察是指在实验的条件下开展的观察。实地观察是指社会学家在家庭中、操场上或者其他社会行为发生的地方进行的观察，比如在街道上观察人们对流浪动物的态度；参与观察就是观察者参与到被观察者的环境中去，成为被观察对象所在群体的成员并参与被观察者日常活动的一种观察方法。非参与性观察则是指观察者以局外人的身份从侧面对观察对象进行观察的一种观察方法。二者是以观察人是否参与进来而区别的。

只有观察方能通过参与某一环节而直接获取第一手资料，它有助于社会学家身临其境理解被试者的社会生活、日常生活以及他们的互动方式，但是正因为如此，也导致了一定的困难，即社会学家过于融入被试者的群体活动之中后，很难保持对研究的客观性。

（四）第二手分析

有的时候，社会学家会用别人的数据进行重新提炼、整理和分析，形成回答问题的主要信息来源，而不是使用全部收集到的新数据。这种对原来收集到的资料进行重新使用的办法，我们称之为第二手分析。

当然，随着社会学的进步，各种科学研究方法被引入社会学里，一个社会学的话题也不太可能用一种办法得以解决，需要动用各种方法。

第二章 教育社会学深入解读

教育社会学产生于 19 世纪末 20 世纪初，至今有近百年左右的历史，它还只是一门较为年轻的学科。教育社会学既不同于教育学，也不同于社会学，又不是教育学与社会学的简单结合。教育社会学乃是主要运用社会学的原理和方法，对作为一种特殊社会现象的教育进行研究的一门学科。目前在国外，教育社会学已经有了很大的发展，并成为学术界的一个十分活跃的研究领域。其研究成果也受到人们极大的关注并被广为运用。本章主要论述了教育社会学研究对象与学科属性、教育社会学的理论流派、教育社会学的研究范围与方法、教育与个体的社会化分析、基于教育社会学的高校师生矛盾与和谐校园构建等内容。

第一节 教育社会学研究对象与学科属性

一、教育社会学的研究对象

一门学科的研究对象，反映着它所研究的范围、领域和课题。因此，对于教育社会学这样一门新兴边缘学科来说，确定自己的研究对象是十分重要的。关于教育社会学的研究对象，西方的教育社会学者往往根据自己研究的范围下定义，作有关的叙述，没有统一的解释。

教育社会学从 19 世纪末产生起，在短短的几十年时间内，所以能够获得迅猛的发展，就在于教育社会学把研究教育与社会的关系作为自己客观的、独立的研究对象。

1. 教育社会学把教育作为一种社会现象，一种社会过程、一种社会制度来研究，这就不同于教育学把自己的研究的对象仅仅局限于普通中小学、教师与学生、教学的内容和方法等的狭小范围内。教育社会学对教育的理解是广义的。

2. 教育社会学是从社会关系的整体和总和上去研究教育，同时也把教育作为社会制度、社会生活的形式和手段加以研究。

3. 教育社会学的研究对象是教育与社会的基本关系。教育与社会的基本关系，既包括宏观的，又包括微观的。大致可以分为下列几方面：第一，教育制度与社会制度的关系。其中包括：教育体制与经济体制的关系，教育体制与政治体制的关系、社会阶层化、社会流动与教育的关系，社会变迁与教育的关系，社会问题与教育问题的关系等等。第二，文化与教育的关系。这里包括社会的文化价值、社会的传统、社会的风尚和习俗、社会的精神文明与教育的关系，以及学校、学生亚文化与教育的关系等。第三，学校与社会的关系，教育社会学把学校看作为一种社会组织，把班级视为一种社会体系。考察社会、班级、课堂中的社会学问题，知识的选择、课程的组织和进行等的教育社会学问题等。第四，个人与社会的关系。如个人社会化与教育，学生受教育以及学业成就的社会背景，学生角色，教师的社会地位和教师在社会中的角色，师生关系等。

4. 教育与社会的基本关系，既有决定和从属的关系，也有相互作用和影响的关系，教育社会学在研究教育与社会关系时，应着重探讨教育的社会性质、地位、功能等问题。教育和社会都有总体和局部之分，因此，我们既要考察总体之间的关系和相互作用，也要考察局部之间，以及总体和局部之间的关系和相互作用。既要考虑教育系统的总体性、多结构性和多层次性，又要考虑社会系统的总体性和多样性。

5. 教育与社会的基本关系既是理论的又是实际的，并且总是处在运动过程中。具体加以考察就会发现它们之间的一致性和矛盾性。教育的发展和社会的发展，从总的趋向来说是一致的。但教育的发展往往落后于社会需要的变化，形成教育的功能与社会的需要不相适应的情况。

但有时也可看到社会阻碍教育的发展，或是教育的某些部分在发展中也有可能超越发展的需要的情况。这样就产生了矛盾性。现实的需要和未来的需要，现实的功能和未来的功能也总是处于矛盾的运动过程中。因此在一致性和矛盾性中，教育社会学需要着重研究的是矛盾性、不适应性，以及克服与解决它的途径。这就是我们对于教育社会学研究对象的理解。

二、教育社会学的学科属性

在西方，对教育社会学的学科属性是有过争议的。一部分学者认为教育社会学是根据教育学的观点来研究教育与社会的关系，应属于教育学的分支学科；另一部分学者认为教育社会学是运用社会学的原理来探讨社会与教育的关系，应属于社会学的分支学科。还有人认为教育社会学就是教育学加上社会学而形成的"连字符学科"。

在我国教育社会学恢复与重建过程中，关于学科属性也有上述类似的三种观点①，但更多的人倾向于将其定位为边缘学科，如厉以贤认为教育社会学"实际是一门边缘学科，它的产生是教育学与社会学的结合与合流、相互渗透与相互交叉的结果"②。吴康宁将国内外的上述争论概括为"规范学科论""事实学科论"与"事实与规范兼有学科论"之争：规范学科论将教育社会学视为教育学的分支学科，其使命是直接为教育实践服务；事实学科论将教育社会学视为社会学的分支学科，只负有认识和分析教育现象的使命；事实与规范兼有学科论将教育社会学视作教育学与社会学的中介学科，兼负示明事实与阐述规范的双重使命③。

学科属性上的上述分歧，主要是由于不同专业出身的研究者的学科本位意识与研究兴趣不同造成的。应该承认，任何一门学科，都应该允许从不同的角度去认识它、发展它，只要不走向极端，都具有一定的合理性。但是，如果各种观点固执一端，甚至彼此攻击，就会给教育社会学的学科建设带来不利的影响。如果把教育社会学只看作教育学的分支学科，不注意运用社会学的原理，把教育放到社会大系统中加以考察，显然不可能得出完全正确的认识；如果把教育社会学只看作社会学的分支学科，不结合教育的有关知识，无原则地援用社会学的一般理论来分析教育问题，又会使作为社会现象的教育失去本身应有的特殊性；如果把教育社会学看成是教育学与社会学的简单相加，则会使教育

---

① 王纯. 欧美各国教育社会学简介 [J]. 教育研究, 1981 (3).
② 厉以贤. 试论教育社会学的学科性质与研究对象 [J]. 北京师范大学学报, 1985 (2).
③ 吴康宁. 教育社会学 [M]. 北京：人民出版社, 1997: 2.

社会学的理论带有很大的随意性，甚至会给人一种"拼盘"的感觉。

我们认为，对教育社会学的学科属性可以从三个层面来把握：

从教育社会学与整个人文社会科学的关系看，它是一门边缘学科。在现代社会里，科学正朝着既高度分化又高度综合的趋势发展：一方面原有学科划分越来越细，分支学科越来越多；另一方面相关学科相互渗透、相互交叉，又必然产生许多边缘学科。教育与复杂多元的现代社会的相互制约性，决定了教育社会学与教育学、社会学，乃至整个人文社会科学的密切关系。因此，对它是一门边缘学科的理解，不能仅仅停留在传统的教育学与社会学的相互交叉上，而应该与政治学、经济学、文化学人类学等众多的人文社会学科的彼此渗透，各相关学科的发展，必然给教育社会学各相应层面的研究内容以巨大影响。

从教育社会学与教育学及社会学的关系看，它是一门中介学科。[1] 教育社会学对教育学而言是基础学科，其基本任务是通过对作为社会事实的教育的客观分析，为建立和完善教育活动规范及其理论提供社会学依据；对社会学而言是特殊理论学科，亦即教育社会学是社会学的应用学科，但这种"应用"不是简单套用社会学理论来解释教育现象，而是运用社会学的一般理论来建立教育社会学的特殊理论。因此，教育社会学是在教育学与社会学之间起沟通作用的学科，亦即将社会学应用于教育领域构建出特殊的理论以滋养教育学的学科。

从教育社会学与教育学科群的关系看，它是一门中层学科。默顿（Robert. K. Merton）认为社会学的研究既不能没有实证操作，也不能缺少理论指导，由此提出介于理论与实证之间的"中层理论"[2]。中层理论强调中等程度的理论抽象，但概念的定义和操作性界定要清晰，并要求把这类概念具体化为与一定范围里的现象相关的陈述；因为强调与经验世界的密切联系，所以鼓励调查研究。默顿认为，没有理论和调查研究之间的交替作用，理论依旧只是具有启发作用却经不起反驳的概念堆积，而同时经验性调查也只能是停留在不完整、无条理的地步。教育社会学在教育学科群中正处于这种中间层次。它的理论抽象程度低于教育哲学与教育原理等学科；在实证与操作层面又与教育调查研究、教育统计测量教育评估等学科接近，但其操作程度又位居这些学科之下。

---

① 吴康宁. 教育社会学 [M]. 北京：人民教育出版社，1998：9.

② ［美］乔纳森·H. 特纳，著. 现代西方社会学理论 [M]. 范伟达，主译. 天津：天津人民出版社，1988：120.

明确教育社会学的学科属性，对于建立我国的教育社会学具有重要意义。首先，明确其边缘学科的性质有利于教育社会学在广泛吸纳诸多人文社会科学，尤其是现代社会学的理论滋养的前提下，既能主动划清与教育学社会学及其他相关学科的界线，形成自己的独特的学科地位，又能在不断借鉴相关学科的理论与方法的过程中拓展新的研究领域。

其次，明确其中介学科的性质有利于加强不同专业出身的研究者之间的合作。从我国当前的情况看，研究教育社会学的人员，既有教育学的研究者。也有社会学的研究者。如果大家都树立了正确的学科意识，就有可能消除西方教育社会学界一度出现过的、由于过强的专业本位意识所造成的隔阂，使两方面的学者都能认识到彼此研究的重要性和局限性，做到相互取长补短，齐心合力为建设我国的教育社会学做出贡献。

再次，明确其中层学科的性质有利于促进教育社会学的理论建设与应用研；究的结合。在西方，由于规范研究与事实研究两种不同的研究途径所形成的对立，曾长期困扰着学术界；我国教育社会学界在教育社会学究竟应承担学术使命或社会使命的问题上，也存在着分歧。树立了中层学科意识，就可以在研究目的上，把学术使命与社会使命相互结合；在研究内容上，将理论研究与应用研究并重。这样，不仅可以防止西方教育社会学界那种人为纷争，而且可以克服研究中的纯思辨与纯实证两种倾向。

此外，明确教育社会学的学科属性还有利于各种教育社会问题的解决。在现代社会里，越来越多的教育社会问题与其他学科问题相互交织，迫切需要多学科的互动研究。研究者们树立了正确的学科意识以后，就能够通过多角度的理论视野，对这些新的教育社会问题做出比较全面的认识，进而提出综合解决这些问题的方法与途径，使各种教育社会问题得到较妥善的解决。

第二节　教育社会学的理论流派

一、教育功能论

在社会学中，功能论是其第一个理论流派，同理，在教育社会学中，教育功能论是其第一个理论流派。再加上教育冲突论，这就是教育社会学的宏观理论体系。

（一）功能论与功能论教育社会学

功能论，也叫作功能主义，在社会学中，它是发展最为悠久的理论方法，起源于 19 世纪初期的有机体论。孔德（A. Comte）是社会学的创始人，同时也是功能论的创立者，他所使用的术语和概念，均来自当时备受尊敬和崇拜的生物学，其目的是使社会学具备学科的合法化地位最终，孔德在对社会和生物有机体进行比较之后，得出功能论。① 也由此，功能论成为社会学的第一个理论流派。

1. 功能论的基本观点

功能论的基本观点，即由社会每一个组成部分发生功能，从而维持社会的整合与稳定。

2. 教育功能论及其基本主张

教育功能论，也叫作功能论的教育社会学理论，它是由赫伯特·斯宾塞（Herbert Spencer）和迪尔凯姆（Emile Durkheim）的功能理论发展而来。20 世纪 50 年代初，功能论的教育社会学在美国产生；20 世纪 50 年代到 60 年代前半期，在欧美教育社会学界，其占据支配地位；20 世纪 60 年代末和 70 年代早期，复兴的冲突论遭遇挑战，导致教育功能论呈现衰落现象。法国的迪尔凯姆、美国的帕森斯（Parson T.）和克拉克（Clark B. R.）、英国的特纳（Turner J. H.）和霍珀（Hopper E.）等，是教育功能论的主要代表人物。②

搞明白一个流派所要说明的现象或是解决的问题，是了解和研究该流派首先应该把握的重点。抓住这个重点，才能相对准确地把握住一个理论的核心，以及对该理论的优劣得失做出相对准确的评判。功能论者在运用它们自己的观点研究教育时，主要想弄清楚教育能满足的社会需要和其对维护社会稳定起到的作用，即功能论的教育社会学者，关心的重点是教育的社会功能，主要分析教育对整个社会的影响。

将教育在现代社会中的作用和功能列举出来，是功能论教育社会学常用的

---

① 王国勇. 教育的社会学研究　基于教育社会学的理论视角 [M]. 北京：光明日报出版社，2015：18.

② 马和民. 新编教育社会学 [M]. 上海：华东师范大学出版社，2002：33.

分析方法。通常在功能论教育社会学者看来，教育的社会功能主要有两个：社会化功能和社会选拔功能。但是不同的功能论教育社会学者对这两个功能的看重程度是不同的，如看重教育的社会化功能的帕森斯，而看重教育的社会选拔功能的有特纳和霍珀等。

(二) 教育的社会化功能

《现代社会体系》一书和《作为一种社会体系的班级：它在美国社会中的某些功能》一文中，集中了帕森斯关于教育的论述，虽然在《作为一种社会体系的班级》一书中，帕森斯提出教育具备社会化和社会选拔两项功能，但是在他看来，社会化才是教育的主要功能，即帕森斯更侧重于认为教育是社会整合的源泉。①

1. 教育传递 "共享的价值观念"

帕森斯认为，维护社会秩序和稳定的必要条件，是所有社会成员都 "共享的价值观念"，这个价值观念是每个社会都存在的。就以美国来说，传递 "成就" 和 "机会均等" 的思想就是其教育的主要功能，也正是这些思想，构成了美国现代社会的共享价值观念。

在帕森斯看来，美国于 20 世纪中期发生的重要教育革命，是受教育机会均等程度大范围扩大的关键原因。然而，由于学生的能力学习动机、兴趣、努力程度，亲人的期待和家庭教育的态度等都各不相同，导致学习机会的均等引起教育成就的不同，而一个人的职业和社会地位很大程度上是由学业成绩和学历决定的，所以，教育成就的不同又导致社会地位的不平等，间接地导致潜在的社会分裂和冲突。为社会化解这种潜在的紧张状态，维持社会秩序和稳定出了难题。

在《作为一种社会体系的班级》一文中，帕森斯为这个难题提供了答案。他认为，正是由于教育的社会化功能，也就是教育传递某种共享的价值观念，社会逐渐使得这种不平等合法化将潜在的社会分裂和冲突消除。具体来说就是，教育想让每个人明白，每个人在教育面前都是平等的，在机会面前是均等的，主要是学习者的个人因素导致了教育成就的不同，所以教育成就的不同所造成的社会不平等是合理的。如此一来，教育传递的 "成就" 和 "机会均等"

---

① ［瑞典］ T. 胡森，［德］ T. N. 波斯尔斯威特著. 张斌贤，石中英等译. 教育大百科全书（第2卷）［M］. 重庆：西南师范大学出版社，2006：328.

的价值观念，就有效地防止了人们由于没能成功争取到较高地位而产生的冲突和矛盾，其社会整合功能也得到了实现。

2. 教育是社会化的主要机构

帕森斯认为，学校中的班级也是一个社会化的机构，个体成为社会所需要的人的过程，就是社会化。他在《作为一种社会体系的班级》中认为，教育的社会化主要有两方面内容，即个体责任感的发展和个体能力的发展。换句话说就是，以教育为手段，培养个体将来成为社会角色所必须具备的责任感和相应的能力。努力使每个受过教育的人，都能成为一个信守社会普遍的、共享的价值观念，同时具备各种技术和社会能力的人。如此，教育便在维持社会共同文化，为社会提供合适的人力资源方面，发挥了至关重要的作用，并且是以其独特的方式，进而塑造一个协调、稳定发展的社会整体。

帕森斯认为，本质上来说，学校班级所具有的角色分配和社会选拔功能，也是一种社会化的过程。在他看来，入校时，全部的学生水平并没有太大差别，待遇也是平等的，教师讲授的内容布置的任务都相同，进行的考核与评价所采取的标准和措施也是相同的。然而，众多的相同所带来的结果是学业成绩的不同，学生也出现好坏之分。由于以学业成绩为标准的区分制度，不仅使学生认同新的社会地位不平等，而且还能使社会共享价值观念在学生中强化，所以这种区分的过程也是一种社会化的过程。

（三）教育的社会选拔功能

虽然支持教育的社会化功能的功能论教育社会学家有很多，但是也有一部分学者支持教育的功能分化和社会选拔功能。在他们看来，教育的首要功能便是社会选拔，是选拔出特定类型的人以供特定社会位置所需的一种机制。

二、教育冲突理论

社会冲突是客观存在的，对社会冲突的研究经历了一个发展过程。早期社会学家，如帕克（R. E. Park）、斯莫尔（A. W. Small）等人曾研究过社会冲突，但到了帕森斯这一代，则注重研究社会整合、共同意识、平衡等，而视社会冲突为社会病态，是负功能。直到 20 世纪 50 年代末，社会冲突才重新开始被注意，社会学家们不得不从社会学创始人那里寻求启发，尤其是马克思、齐美尔（G. Simmel）等。现代冲突论的主要代表有：米尔斯（C. W. Mills）的

"权力精英论"，科塞（L. A. Coser）的"冲突功能论"，达伦多夫（R. D. Dahrendorf）的"辩证冲突论"等。[①]

（一）冲突论的基本观点

冲突论并非一个统一的理论阵营，其内部存在许多不同的观点，但他们都强调如下一些基本观点。

（1）冲突是社会生活中普遍存在的一种自然的、不可避免的现象。社会中的个体和群体由于目标取向的差别和利益分配的不均，存在着冲突和斗争。

（2）社会变迁是一种普遍现象。社会群体之间冲突与斗争的结果导致社会的不断变迁，因而社会的稳定往往是短暂的，而斗争、反抗、动乱、变革则会不间断地出现。

（3）社会关系存在强制性。在社会斗争中处于支配和控制地位的群体总是要采取强制的手段，迫使其他群体与之合作，以维持社会秩序的稳定。这种强制可以是镇压的方式，也可以是笼络收买的方式，或者是维持"合法权威"的方式。但强制的结果只能是暂时的稳定，而冲突仍会继续，社会正是在这样的冲突、磋商、协调、再冲突的过程中循环往复、不断发展的。

20世纪60年代以后，一些教育社会学家运用冲突理论的基本观点探讨了教育制度的社会功能、学校内部的社会过程等方面的问题，其代表人物有：美国教育社会学家鲍尔斯（Bowles）、吉丁斯（Giddens），法国教育社会学家布迪厄（Bourdieu），英国教育社会学家威利斯（Willis）等。

（二）鲍尔斯与吉丁斯的"社会再生产论"

作为新马克思主义的主要代表，鲍尔斯与吉丁斯的主要观点反映在《资本主义美国的学校教育》一书中。他们的基本观点是：强调教育是社会的一部分，受到社会基本的经济与政治制度的束缚；美国的教育起着再生产或维持资本主义经济制度的作用，它是保持或增强美国现存社会与经济秩序的社会制

---

① 美国社会学家米尔斯认为，现代社会的冲突主要存在于权力精英与无权的公众之间，而美国社会的权力集中于由政治、经济、军事三巨头组成的权力精英手中，他们通过血统、教育和社会活动条件的世袭优先条件，垄断了社会的统治权力。科塞则把社会冲突的根源归结为人的本性，认为冲突的功能是使群体成员能够缓和彼此之间的仇恨心理和紧张关系，促进社会变革，提高群体的稳定性和凝聚力。德国社会学家达伦多夫认为，凡有社会生活的地方就会有冲突，冲突的根源是权力分配的不均，社会的本质是建立"强制性协调联盟"，也就是运用权力压制冲突的一种极不稳定的形式。

度之一；因此，教育不能成为一种促进更大的平等与社会正义的改革力量，任何认为教育有助于社会问题之解决的人事实上都"对经济制度不完全的了解"；只有在"社会民主主义"的革命性框架内，也即通过把民主制度延伸到社会生产生活的各个领域，"学校才能够实现我们所认为的它们的三个目标：培养社会平等、促进年轻人创造潜能的充分发展以及将新一代整合进入社会秩序中"。①

鲍尔斯与吉丁斯的整个理论阐述可以分成三个部分：教育做什么——"社会再生产"；教育如何做到——"对应原则"；负责再生产的力量——主要是"资本主义的社会和经济结构"。

在他们看来，美国资本主义制度的原动力是对利润的追求，这就意味着"尽可能从劳工那里榨取更多劳动，但却尽可能回报以最低的工资"，② 这就容易造成劳资双方的冲突。要解决这一矛盾，维护资本主义经济制度，就要采取各种手段。例如，失业工人的存在不但削弱了工人谈判的地位，而且也是资本主义"市场与财产关系"更深一层的关系，而国家警察力量只是一种强制性措施。但是，要维持资本主义制度的长期成功，有赖于：（1）一种将社会秩序合法化而且被广泛接受的意识形态；（2）一套"透过日常经验使这种意识形态有效的社会关系"。③ 在美国，这种意识形态是"技术—功绩主义的"，这一套社会关系则是"劳动的社会关系"，后者的主要特点是：每个人之所以很少控制决策与工作活动，首先是由于存在阶层的分工，其次是因为存在一套"科层制权威"。这些都是使"经济生活的阶级与权力关系"得以永存或再制的方法。

教育在这一过程中起了再生产的作用。教育首先通过培养"经济的成功本质上有赖于拥有能力或适当的技巧或教育"这种观念，而将阶级结构和不平等合法化；其次，它通过创造那些适合资本主义经济的能力资格、观念与信仰来教导年轻人，使之准备进入社会。换言之，教育的功能是再生产，这种再生产是通过"合法化"与"社会化"进行的（此处与帕森斯的观点类似，但

① 李锦旭. 资本主义美国的学校教育：教育改革与经济生活的矛盾 [M]. 台湾：台湾桂冠图书有限公司，1989：8.
② 李锦旭. 资本主义美国的学校教育：教育改革与经济生活的矛盾 [M]. 台湾：台湾桂冠图书有限公司，1989：175.
③ 李锦旭. 资本主义美国的学校教育：教育改革与经济生活的矛盾 [M]. 台湾：台湾桂冠图书有限公司，1989：176.

两者的差别是鲍尔斯与吉丁斯不赞成正在被再生产的社会)。

通过教育进行再生产的第一种方法是合法化。教育通过传递"技术—功绩主义观点"(其典型是"社会上最重要的职位必须由最有才能的人来担任")而把社会的不平等合法化。在鲍尔斯与吉丁斯看来,这种观点实际上是一种意识形态的外貌,因为能力(他们把能力与智商等同)不是经济成功的一个重要标准,重要的是一个人的社会经济背景。他们用统计数值证实,在美国,"教育的平等化一直没有与所得的平等化相结合"。[①]

通过教育进行再生产的第二种方法是社会化。在鲍尔斯与吉丁斯看来,社会化本质上是通过劳工意识的塑造而发生的。"工人的意识——信仰、价值、自我概念、团结与分裂的类型,以及个人行为与发展的风格等是在社会关系里发展。"而教育"使个人的自我概念期望与其社会阶级认同,适合社会分工的需要",更特别的是,"学校奖励稳顺、被动与服务——而且处罚创造性与自发性"。[②]显然,在主要是资本主义经济制度所需要的异化的工作世界里,社会所需要的是异化的人以及个人的片面发展。

那么,教育再生产资本主义经济制度是如何实现的呢?鲍尔斯与吉丁斯认为,主要是通过教育与经济生活的"对应原则"(the correspondence principle)实现再生产。他们借用马克思在《政治经济学批判》一书中的观点,提出教育的社会关系对应于工作的社会关系。在学校中,这种对应是通过四个层面来进行的:(1)学生如同工人一样,无力控制教育过程;(2)教育就如工作,只是达到某种目的的一种工具(如为了报酬,为了避免教育失败与失业等);(3)工作中的分工被重复在知识的专门化以及学生之间不必要的竞争上;(4)教育的不同层次对应职业结构的不同层次。他们力图证明在学校中与在工作中存在类似的情况:一些相同的行为与人格特征被奖励或被处罚。例如,创造性与独立性在学校或在工作中均不被赞扬,而忍耐、依赖性、认同组织、守时等品质则带来赞许。

鲍尔斯与吉丁斯反对教育的阶级支配理论,也反对教育的大众需求理论,他们主张美国教育的发展是一种妥协的结果,而这种妥协又一直是使资产阶级

---

① 李锦旭. 资本主义美国的学校教育:教育改革与经济生活的矛盾 [M]. 台湾:台湾桂冠图书有限公司,1989:44.

② 李锦旭. 资本主义美国的学校教育:教育改革与经济生活的矛盾 [M]. 台湾:台湾桂冠图书有限公司,1989:179.

能够维持其权力的折中方案。

第三节　教育社会学的研究范围与方法

一、教育社会学的研究范围

我们把教育作为一种特殊的社会现象。即把教育作为整体社会的一个体系（子系统）来加以研究。以结构—功能的观点，或系统的观点看问题，作为整体中的一个部分（一个子系统），它必然要与整体的其他部分（其他系统）发生功能性的关系。部分如果离开了整体，也就失去了它存在的意义。教育作为一个特殊的社会现象，它也必然要与该社会的其他社会现象发生功能性的关系，孤立的教育是不可能存在的。教育实践不是相孤立的现实，在同一社会里，莫如说所有部分都是为了同一目的通力合作而结合在同一体系里，只有这个体系，才是特定国家和特定时代所固有的教育制度。从这一认识出发，教育社会学要研究教育与整体社会之间以及它同其他各种社会现象（社会体系）之间的功能性联系，它们之间是怎样彼此互为影响和互相调适，以推动社会进程的。因而，教育社会学的研究范围应包括：

（一）研究教育与社会结构和社会变迁的相关

研究教育与社会结构的关系。就是把教育置于整体社会结构之中，来考察教育与整个社会及它与其他各种社会体系的相互关系。我们不仅要考察社会结构对教育的制约性、规定性，也要考察教育对社会结构所起的反作用。

研究教育与社会变迁的关系。即研究教育与其他各种社会体系之间的变量关系。因为社会是历史性的，社会总是处在动态之中的。社会的稳定是相对的、暂时的；社会的变迁则是绝对的。教育社会学要研究教育是如何适应这种变动着的社会，以及教育又是如何促成社会进步的。

（二）研究教育与区域社会之间的相关

研究教育与区域社会之间的相关就是研究在同一社会中的不同地区之间教

育上的差异性。由于地域上的关系，不同地域的社会有其不同的特点，如城市与农村之间、不同民族地区之间、平原与山区之间、人口稠密度不同的地区之间等都有一定的差异，这种社会的差异性（如职业的差异、风俗习惯的差异、道德的差异）也必然会出现教育上的差异性。在一个社会中很难找到完全同质的教育，教育的异质性是客观存在的。教育社会学要考察教育是如何适应并改变这种区域上的差异性的。

（三）研究学校体系内部的各种社会关系

研究学校内部的各种社会关系，就是把学校作为一个社会体系、社会形态来加以研究。学校本身就是一种具有正式目的的社会有机体，要重视研究学校内部及学校与社会之间的交互关系和交互影响作用。就学校内部来说，它包括教师与教师之间的关系、教师职业团体，教师的社会条件、教师的社会地位等；学生与学生之间的关系，学生同辈团体等；教师与学生之间的关系：教师和学生与学校行政领导的关系，学校文化等等。就校外环境来说。要研究对学校产生种种影响的外在环境，如家庭、社区环境、社区文化、社团组织、校外非正式群体等对学校的影响作用。

（四）研究班级组织内部的各种社会关系

研究班级组织内部的社会关系就是把班级组织作为一种社会体系来研究。班级组织是学校实施教育的基本单位，是一个社会实体，在班级内部同样有着种种社会关系。美国著名的社会学家帕森斯就是将学校班级看作一个社会体系来研究的。它通常是研究班级的目标、班级的功能、班级中的正式组织关系及非正式组织关系等。

二、教育社会学的研究方法

任何一门独立且渐趋成熟的学科都必须有必要的方法论的支撑。教育社会学也不例外。教育社会学是用社会学的理论、方法对教育现象进行研究的一门学科，所以体现在方法论和具体的研究方法上更侧重于社会学性质。我们在叙述方法论的基础上对教育社会学的具体方法做大致介绍。

（一）研究方法论——自然科学取向还是社会科学取向

教育社会学属于社会科学或社会学领域，用于社会科学领域的方法论也是教育社会学的方法论。社会科学领域的研究方法论历来有自然科学取向和人文科学取向之分。自然科学取向的方法论坚持社会科学应和自然科学一样采用自然科学的研究方法，注重实证研究和量化研究。社会学家涂尔干（Durkheim）的《社会方法的准则》详细阐述了社会学以自然科学为取向的研究对象、方法和准则。[①] 人文科学取向的方法则坚持社会科学的研究对象涉及人，而对人进行研究时自然科学方法是不适用的，因而注重"诠释性"研究和质化研究。也强调实证方法。但不一定非要在《社会科学方法论》中提出了一套诠释性研究的观点和方法，其中的"理念型方法"（也称理想型方法）成为人文科学取向的典型方法。主要体现在存在于整个社会科学、人文科学以及自然科学中的"三对二律背反"，即事实与价值、演绎与解释、定量与定性。

1. 事实判断与价值判断

马克斯·韦伯（Max Weber）在《社会科学方法论》一书中开篇就这样写道："在我们这里当一门社会科学或社会政策的杂志创刊或者移交给一个新编辑部的时候，人们提出的第一个问题常常是：这份杂志的'倾向'是什么？就连我们也不能回避对这一问题的解答"。[②] 这个"倾向"问题实际上就是社会科学方法论究竟是事实判断还是价值判断的问题。"事实"主要是指客观存在的各种状况、事件、原因、机制、规律等，它包括物理事实和社会事实，这一概念的特征不变量是"客观存在性"，只要是客观的。不管它是物理事实还是社会事实均属于事实范畴之内。价值是客体对主体需要的满足，这个概念的特征不变量是"需要"，很明显这是一个源自主观的心理活动的范畴，它与"客观存在性"有本质的区别，教育社会学涉及判断的问题—事实判断还是价值判断，这两者的共性在于都是一种认识和反映。前者是一种实然，后者是一种应然；前者是一种客观性方法论范式，而后者是一种主观性方法论范式。

社会科学的事实判断和价值判断问题是关系到社会科学性质的根本性问题。实际上，社会科学不可能不研究"事实"，不论认为事实对于研究过程是现在的，还是认为事实（事实的陈述）依赖于理论（或解释框架），事实都不可能不是科学研究的最高出发点。否则它就不能成为一门科学；同时社会科学也不可能不与"意义"打交道，纯粹的"物理事实"并不是社会科学的研究对象。教育社会学研究的是有价值追求的人，而不是价值无涉的物，过分追求

① 谢立中. 西方社会学名著提要 [M]. 南昌：江西人民出版社，1998：56.
② 马克斯·韦伯. 社会科学方法论 [M]. 北京：中国人民大学出版社，1999：1.

"客观性""中立性"的教育社会学研究是有一定局限性的。

因此对教育社会学而言,对事实判断和价值判断这一对矛盾的处理,首先要遵循"让事实说话"的著名图式。同时我们的教育社会学研究者不能够仅仅停留在单纯的"事实"上,走纯粹的"从事实到事实"的路线,提出价值理想和实践规范也是教育社会学不可推卸的责任。

2. 演绎与解释

演绎通常是指由一般到特殊的推理,即由普遍性的前提推出特殊性结论的推理。解释的含义是分析、说明、理解以及意义相关,要获得对社会历史文化的认识必须通过一条与自然科学不同的路径才是可能的。这就是"理解","理解和解释是贯穿于整个精神科学的方法"。"我们说明自然,我们理解精神"。演绎性模式与解释性模式被用以区分现代社会学研究模式。演绎性模式的社会学预设是,任何社会交互行为都要受一定的"规则"支配,所以社会交互行为具有恒常的结构。教育社会学要做的就是运用演绎的方式揭示出这种恒常的结构,从而解释人们的行为。而解释性模式则完全相反,它在意的是人与人之间的意义理解与解释,社会交互行动并不受固有的模式与规则支配,所以他坚持做纪实性的解释,从而剖析其内在结构和意义。

尽管这两种研究模式常常争辩,并为了分出优劣胜负而大动干戈,但是对于教育社会学研究本身而言,并没有必要生硬地只择其一。细细分析之后。我们可以发现,演绎性模式通常用于对宏大问题的分析与研究,该模式更有助于站在较高的层次上作为策略性的依据与参照,而解释性模式则更细腻,更有助于对微观世界的认识与剖析,对指导教育实践活动有重要的启示作用。这样看来,这两者并没有针锋相对,也没有不可调和的矛盾,只是所站的立场不同、目标不同、运用的方式手段不同,但都旨在揭示生活世界的规律,两种模式的研究结合在一起才能反映出一个完整的社会,所以二者缺一不可,相互依存。

3. 定量与定性

定量研究是教育社会学研究方法的一个重要特点,它是用数学方法对社会现象进行数学分析的方法。在教育社会学研究中运用定量分析,可以使人们对外界的认识更精确化,这也是进一步准确把握事物发展内在规律性的必要途径。定性研究是对事物质的方面加以分析和研究的一种方法,"质"指的是一事物区别于其他事物的、内在的、固有的规定性。主张定量研究的人总是尽量把自己所熟悉的数学方法运用到社会现象的研究上来,他们并不太注意定性研究方面的问题，而主张定性研究的人却对定量研究置之不理，他们坚持用自己的自然语言抒发自己的激情，发表长篇宏论。

我们知道，任何事物都有质量和数量，内容和形式。质量通过数量来反映，内容通过形式来表现。所以，一般事物都可以从数量和形式方面来加以研究。一门成熟的社会科学不仅可以运用定性研究，它还必须致力于揭示研究对象之间的定量和形式的关系，社会科学对象的复杂性并不能否认它的研究对象的某些规律必然会通过量的关系而存在和被揭示出来。定性研究与定量研究各有所长，在很大程度上可以互相弥补对方的缺陷与狭隘，如果将其截然分开，只执一端则必然导致教育社会学研究的偏颇，要么太过于精确而丧失人文的内涵，要么过分注重研究者个人感觉而缺乏全局性的意义揭示。许多学者也充分地认识到了这一点，任何研究方法都有其局限性。没有什么方法可称为教育社会学研究的最佳方法，因此，我们应当尝试运用多种方法。方法本无优劣之分，只有适合之别。所以说，定量研究和定性研究在教育社会学的研究过程中都可以发挥出他们的作用与优势，关键在于研究者如何根据具体的情况做出适当的调整，使得方法的运用更有助于研究的展开，而不是只执着于某一方法以致抛弃研究本身，这种本末倒置的情况并不少，应该重新认识并加以克服。

（二）具体研究方法

1. 理论研究方法

理论研究是在已有的客观现实材料及思想理论材料基础上，运用各种逻辑的和非逻辑方式进行加工整理，以理论思维水平的知识形式反映社会的基本规律。

（1）比较研究法

这是一种根据一定的标准，对两个或两个以上有联系的事物进行考察，寻找其异同，探求教育之普遍规律与特殊规律的方法。比较法不是任何时候都能使用的，只有符合同一性、双边或多边性以及可比性才能运用。一般按如下步骤进行，即确定比较的问题、制定比较的标准、搜集资料并加以分类与解释，比较分析、最后做出结论。

（2）因果分析法

这是一种寻求事物的本质和现象之间的因果联系的研究方法。因果分析法必须遵循以下原则：①因果联系具有普遍性。任何事物或现象都是由某种原因引起的，而它本身又必然会引出某种结果。②因果联系具有时间的顺序性。一般是原因在前，结果在后。③因果联系具有复杂性。人们的思想形成、变化和发展，是一个复杂的过程。这个过程实际上是由一系列错综复杂的因果联系构成的因果链条。较常见的有一因多果，一果多因、多果多因等情况。

（3）功能分析法

这是社会科学用来分析社会现象的一种方法，是社会调查常用的分析方法之一。它通过说明社会现象怎样满足一个社会系统的需要（即其有怎样的功能来解释社会现象。它的作用表现在：①通过从形式上分析现象的内部结构关系可以弄清现象内部各组要素在形式上的排列和比例。②通过从内容上分析现象内部各个组成要素之间相互影响和作用（内部功能），可以厘清各组要素之间有无相互作用和影响；怎样相互作用和影响。在什么样的条件下，各组要素间的相互影响和作用才能建立和存在；各组要素间相互影响和作用的手段和方法。③通过从现象的总体上分析它对社会的影响和作用（外部功能），可以分清它对社会的哪些方面发生影响和作用；这些影响和作用哪些是积极的，哪些是消极的，哪些是明显的，哪些是潜在的。功能分析法可以按下列步骤进行：①明确分析对象；②考察各组成要素间在形式上的排列和比例；③考察各组成要素间的相互影响和相互作用；④考察现象整体对社会的影响和作用；⑤通过理论分析做出结论。

2. 实践研究方法

（1）实验法

这是一种将自然科学的实验原则运用于社会科学研究之中，在尽可能严密控制的条件下研究事物发生变化的因果关系，从中分析并得出较科学的结论的研究方法。实验研究至少要有一个变量，即实验变量。它是由研究者人为改变的，以便确定对变化的影响。这就是说，实验的变量是什么以及它的变化范围有多大，是研究者选择的。实验法一般在较小的范围内进行，需要有严谨而周密的设计，有计划有系统地进行，难度较高，一般在确实证明其有效时，才可逐步推广。

（2）观察法

这是一种根据研究课题，有选择地针对调查目标，采取研究者或凭自己的感官，或借助于其他观察手段和仪器，注视事物的现象，探寻事物本质的方法。根据观察者和被观察者的关系，可分为"参与观察"和"非参与观察"两种不同形式。

（3）问卷法

这是一种以书面提出问题的方式搜集资料的研究方法。研究者将所要研究的问题编制成问题表格，以邮寄、当面作答或追踪访问的方式填答，从而了解测试者对某一现象或问题的看法和意见，方便实用、省时省力。但调查范围一般较窄，偏重于意见、态度或看法，并以个人或者群体为对象。

（4）访谈法

这是一种研究性交谈，是以口头形式，根据被询问者的答复搜集客观的、不带偏见的事实材料，以准确地说明样本所要代表的总体的一种方式。它可分为结构性访谈和非结构性访谈，前者在访谈前已经拟定相关访谈提纲，访谈时比较规范，便于整理；后者只就调查的主题提出有关问题，随机应变地发问。访谈的优点在于方便、灵活，容易深入，缺点是被访者容易紧张，并受环境的影响。

3. 文献研究方法

文献研究法是专门对人类历史长河中所收集的文献进行查阅、分析、整理并力图找寻事物本质属性的一种研究方法。从广义的角度看，可分为定性分析与定量分析两种。

（1）定性分析

定性分析一般是对文献中所包含的信息进行分类，选取典型的例证加以重新组织，并在定性描述的基础上得出结论，它不太注重文献资料的数量特征和完整程度，而是注重文献的个案，研究时比较灵活、随意，规范程度不高。

（2）定量分析

定量分析又叫内容分析，是对明显的文献内容作客观而有系统的量化并加以描述的一种研究方法。它的实质在于将用言语表示的文献转换成用数量表示的资料，有助于使用正式的假设、科学地抽取的大型样本及计算机等现代统计技术对文献做出分析研究。

第四节　教育与个体的社会化分析

一、对个体社会化的总体性认识

尽管对社会化的解释因学科而异，但只要略加分析，我们便会发现它们有一个共同的基本点，即个体社会化是反映个体与社会之间关系的一个概念。社会学、人类学、心理学的基本理论都告诉人们一个简单的道理：没有社会成员之间在社会行为，态度与价值标准等方面的基本一致，任何社会和群体的存在都是不可能的。

尽管对社会化的解释存在着歧义，但这些解释之间却有着共同的联系。比如，心理学家解释的着重点在于同社会行为有关的个人特点的发展及行为倾向的形成过程，社会学家则把角色承担看成是社会化的本质。但是，任何角色承担都要涉及社会行为模式与行为倾向的获得，只不过社会学家更强调能使个体有效地参与社会生活的那些行为方面。人类学家把社会化理解为适应社会中存在的文化类型，而一组角色行为往往能体现出该社会的文化特点。在我们从社会学角度分析社会阶级、亚文化、社会化因素对个体社会化的影响，用角色概念来解释社会对个体的要求以及个体如何达到与社会要求一致的时候，若撇开心理学界对个体社会行为习得过程及机制的分析，我们则无法把握个体社会化的规律，从而也无法有效地控制个体社会化的过程。若撇开人类学界对不同文化，不同社会内进行的社会化比较研究，我们则既无法解释文化对于社会化的决定性影响，也无法解释这个社会的成员何以不同于那个社会的成员，这个社会何以比那个社会更具有活力。由于这三个学科各自有着不可替代的独特作用，教育社会学必须从中汲取营养，因此在下面的分析中，我们将既注意从社会学角度研究社会化的一般特点，也注意汲取其他学科的理论，以此作为本章的方法论基础。

就各学科各理论存在的歧义来看，我们认为，根据研究目的的不同，可以将视线集中于个体社会形成的某一侧面或某些因素，不同学科也完全可以从不同的角度来观察与分析个体的社会形成。但这种观察与分析必须建立在对于个体的社会形成的总体认识的基础之上。这一总体认识起码应该包括下面三个方面：

（1）个体的社会形成是社会与个体的共同需要。没有个体的社会形成，社会不成其为社会，个体也不成其为社会成员。

（2）个体的社会形成是个体与社会之间交互作用的产物。社会指向个体的规范过程与个体指向社会的学习过程这两者相辅相成。

（3）个体的社会形成以社会文化在个体中的内化与个体胜任社会所期待的角色为标志。

基于这一总体认识，我们可以对社会化的概念作如下定义，即个体社会化是指个体适应社会的要求，在与社会的交互作用过程中，通过学习与内化社会文化而胜任社会所期待、承担的角色，并相应地发展自己的个性的过程。

二、个体社会化与教育的关系

个体社会化是社会对于个体施加影响的过程，这一过程和教育有何关系呢？换言之，对个体进行社会化与对个体进行教育这两者是什么关系？在这个问题上，存在着几种不同的观点：

（一）社会化和教育等同论

以法国著名教育社会学家涂尔干为代表。涂尔干批判了以赫尔巴特（Herbart）为代表的个人本位教育学，提出所谓教育也就是社会中年长一代对新生一代进行社会化。在涂尔干看来，社会化即是将社会文化内化于个人，使个人成为合格的社会成员；教育也是将社会文化内化于个人使个人成为合格的社会成员。因此两者的内涵等同。[1]

（二）教育大于社会化论

这种观点认为社会化的最终目标是维持现存的社会系统，按照现实社会的要求来形成人。从这一点来说，教育与社会化有相同之处。因为教育也担负着传递文化，维持社会生存的职能，但这只是教育的一种职能。教育的另一种职能是促进社会的变革与进步。作为理想的目标，教育还按照未来社会的要求来

---

① 鲁洁. 教育社会学 [M]. 北京：人民教育出版社，1990：600.

造就人，培养具有批判精神与创造性地变革现实之能力的人。这样教育的内涵便比以维持现存社会系统为目的的社会化内涵要丰富得多。因此教育大于社会化。

（三）教育小于社会化论

这种观点认为社会是一个广义的概念，包括存在于个人之外的所有社会因素，个体社会化是受多种社会因素影响的，而教育只是一种社会影响，是一种有目的、有计划地按照社会的要求来进行的社会化。这样教育要小于社会化。

（四）社会化与教育交叉论（部分重合论）

日本教育社会学家山村贤明认为，社会化与教育是两个具有较大重合部分的范畴。社会化强调的是个体的顺应性与群体的同质性，是常识的灌输与社会系统的维持。无疑，教育也包含了这方面的内容，并且是以有组织、有计划的形式来展开这些内容的。但教育并非仅仅如此，教育还强调个体的独特性与群体的异质性，强调理性的批判与社会系统的进化。对于这一部分内容，山村贤明用加引号的"教育"来表示。他认为，只有超出社会化范畴的这部分带引号的"教育"，才真正体现出教育的独特性（见图2-1）。按照他的观点，A、B、C这三部分虽然都对个体的社会形成发生作用，但互有区别。A与B的区别在于作用的性质不同，B与C的区别在于作用的形式不同，A与C的区别是作用的性质（目的）与形式都不同。①

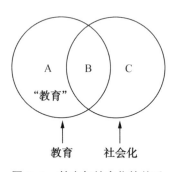

图2-1　教育与社会化的关系

① 古人伏. 德育实效性研究与实践 [M]. 北京：中国建材工业出版社，1999：21.

我们认为社会化与教育不是同一个概念，社会化的范畴要大于教育，影响个体社会化的因素包括家庭，同辈群体、社区、大众传播媒介、社会阶层、教育机构等等，学校教育仅仅是社会化的因素之一。

从作用的方式来看，社会化因素对个体的影响并非总是一个可控的过程，个体的许多方面都是在无意之中接受社会影响，社会也并非总是有目的、有计划地影响个体的社会形成。而教育却是一个可控的过程，它有目的有计划地对个体施加影响，影响个体的社会形成，具有其他社会化因素不可替代的作用。

从目的来看，社会化的目的主要是使个体达到和社会的一致，着眼于现存社会关系的延续与维持，而教育既有此目的，又超出此目的（即要促进社会的发展与进步）。从这一方面来看教育与社会化既有相同之处，又有不同之处。

第五节　基于教育社会学的高校师生矛盾与和谐校园构建

一、为"师生合作"创造物质基础

教育社会学理论认为，高校内师生矛盾的根源往往存在于不断增加的学生逆反和学校加强控制的趋向，由于学生的角色特征经常使他们处在缺乏影响和权力的地位。从现实来看，则表现为学校对学生的美好承诺和学生对学校的认知之间的矛盾上。即学校往往会承诺提供给学生一个良好的教育，包括良好的教育环境和教育质量，并且，宣传良好的教育环境会大大提高学生将来在社会竞争中成功的机会，进而达到提升社会地位的目的。一小部分逆反的学生并没有认识到学校提供良好的教育和自己的未来之间的关系，但是，大部分都是因为学校的教育环境低于宣传而形成逆反。因而，改善学校通过改善校园物质文化环境、改进管理制度成为化解师生矛盾的基础。

二、师生共建合作的氛围

构建合作型师生关系需要平等、信任、民主的氛围，这种氛围需要教师和大学生共同营造。教师要通过注重师风师德，坚持为人师表；增加知识储备，注重知识的更新换代；转变教学思想，改进教学方式等途径来平衡教师角色的内外冲突。大学生要通过树立正确的人生观和学习观，加强自身行为自律来发挥化解师生矛盾的主动作用；此外，师生还应该注重沟通交流。

三、探讨合作型师生关系

不同于传统师生关系中"教导—服从"的模式，合作型师生关系是"交流—合作"的模式。目前，学术界将研究和实践重点放在了教学过程中的"师生合作"，即是师生共同参与课堂，这是对传统教学的突破，也是现代课堂教学的发展方向。现在，将这种课堂上的"师生合作"延续到课堂外，师生间通过课堂上的互动建立起来的合作感情升华成为人际感情。

第三章 人口社会学深入解读

人口社会学是人口学的分支学科之一。它是研究人口发展和各种社会现象之间的本质联系及其相互数量关系的一门科学。本章首先分析了人口社会学的相关基础性知识，接着进一步探讨了人口社会学的研究方法，研究了中国人口思想与人口社会学的发展，最后论述了人口城市化问题探索与人口安全等相关的内容。

第一节 人口社会学概述

一、人口社会学的研究范畴

人口社会学的研究范畴就是在对人口过程、人口结构、人口事件、人口变迁与发展等人口基本概念研究的基础上，在人口变量、社会变量的相互关系中，探讨社会事件、社会发展对人口过程的影响，研究人口变化与社会变化、社会发展之间的相互关系。人口、人口思想、人口理论、人口过程、人口事件、人口结构、人口问题、人口变迁与人口发展等都是人口社会学最基本的研究范畴。

（一）人口

人口是反映人口社会学研究客体的范畴，是这门学科的核心范畴。所谓人口，是指生活在一定社会生产方式下，在一定时间、一定地域内，由一定社会关系联系起来的一定数量和质量的有生命的个人所组成的不断运动的社会群体。它是一个内容复杂、综合多种社会关系的社会实体，具有性别和年龄等自然构成、多种社会构成和社会关系、经济构成和经济关系。一方面，人口是生命活动的社会群体；另一方面，人口又是社会、经济、文化活动的社会群体，它具有自然的和社会的双重属性。自然属性是人口存在和发展的既定前提，社会属性是人口的本质属性（如图 3-1 所示）。二者相辅相成，共同构成人口的统一体。

图 3-1　人口自然属性与社会属性关系图

　　人口作为有生命活动的个人的总和，与其他动物一样具有生物属性，也就是说，人口具有性别、年龄、生育、死亡、寿命等生物性特征，具有从出生、发育成长、繁殖、衰老以至死亡的生命历程，也具有生物学规律所支配的生物遗传和变异以及其他全部的生理、心理机能。人口的自然属性影响着人口的数量和质量，影响着人口的存在和发展。人口的这些生物学属性不因社会生产方式的转变而变化，也不因社会的发展而变化。它们是分析人口现象、人口发展与社会变迁的关系的自然基石。如果离开人口的自然属性，一切将无从谈起。

　　人口不仅具有自然属性，更为重要的是人口还具有社会属性。一方面，作为社会生活主体的人与动物在获取物质生活资料的方式上有着本质的区别。动物只是本能地、被动地依赖自然界，只能从自然界直接获取供自身生存所需的物质生活资料。而人类则是通过自身的主体性活动（生产劳动）直接和间接地从自然界获取或者生产供自身生存和发展所需要的物质生活资料。人类通过生产劳动实践改造自然，以使自己更好地在物质世界中生存与发展。生产劳动实践使人类在自然界面前表现出了自身的能动性。以劳动为界限，人与动物开始分野，人类以此获得了自身的本质，从根本上与动物区别开来。当人们自己开始生产他们所必需的生活资料的时候（这一步是由他们的肉体组织所决定的），他们就开始把自己和动物区别开来。人们生产他们所必需的生活资料，同时也就间接地生产着他们的物质生活本身。"人们用以生产自己必需的生活资料的方式，首先取决于他们得到的现成的和需要再生产的生活资料本身的特性。这种生产方式不仅应当从它是个人肉体存在的再生产这方面来加以考察。它在更大程度上是这些个人的一定的活动方式，表现他们生活的一定形式，他们的一定的生活方式。个人怎样表现自己的生活，他们自己也就怎样。因此，他们是什么样的，这同他们的生产是一致的一既和他们生产什么一致，又和他们怎样生产一致。因而，个人是什么样的，这取决于他们进行生产的物质条件。"①

另一方面，人类从事物质资料的生产是以一定的社会生产方式为前提条件。

因此，人们怎样从事生产劳动、从事怎样的生产劳动以及对劳动成果的分配都不是人口的自然属性所能决定的，而是由物质资料的社会生产方式、生产力和生产关系所决定的，即由人口的社会属性所决定。这是因为人的本质并不是单个人所固有的抽象物。在其现实性上，它是一切社会关系的总和。

生活在一定社会生产方式下的人口既有量的规定性，还有质的规定性。在任何社会生产方式下，人口都不是单独的个人，而是一定时间、一定空间、由一定社会关系联系起来的人群的总和。人作为社会动物，从出生到发育成长以至衰老、死亡，都只能发生在社会之中。人口总是包括一定数量的人口，数量的多少受到社会生产力发展水平和社会生产关系的性质所制约，还受到一定的时间、空间范围所制约。此外，一定数量的人口又总是由具有一定质量的个人所组成，质量的高低和一定社会的经济发展以及教育文化水平密切相关。总而言之，人总是处在一定的社会关系中，是这些社会关系的体现者。从来没有离开人的社会关系，也从来没有离开社会关系的人。人的本质是社会关系的总和，这就决定了人口的本质属性是其社会属性，而不是自然属性。

人口的社会本质属性决定了人口社会学不仅要研究人口的性别、年龄、生育、死亡等生物性特征，更重要的是要研究与人口现象密切相关的社会性特征，如人口的婚姻家庭结构、人口分布与迁移、人口问题、人口政策、人口变迁、人口可持续发展等。

(二) 人口思想和人口理论

思想是客观存在的反映，是在人的意识中并经过人的思维活动而产生的结果；理论则是人们从实践中总结出来的关于自然界和人类社会的系统性知识。相对于理论而言，思想是零碎、不系统的，理论则有一定的系统完整性并建立在一定的思想体系之上。

人口思想作为人口理论的早期形态，它的产生是先于人口理论的。最早的

---

① 马克思，恩格斯. 马克思恩格斯选集　第 1 卷［M］. 北京：人民出版社，1972：24—25.

人口思想大多是一些思想家、政治家针对当时的人口现象和人口问题而提出的关于人口的政策观点和主张。随着人口社会学研究方法在人口现象、人口问题研究中的应用，在研究人口与经济、社会相互关系的过程中，产生了相应的人口理论观点；在此基础上，经过一定时期的积累而形成一定的社会、经济条件下对人口现象、人口问题、人口发展过程及其本质规律理性认识的人口理论。因此，我们可以说，人口思想史是人口理论的发展脉络，人口理论则是人口思想发展的必然产物。

人口思想由来已久，不同时期、不同国家的政治家、思想家哲学家都根据当时的经济发展和社会需要，提出过符合时代要求的人口思想。例如，16~18世纪西方重商主义的经济哲学家们就主张通过增加人口来达到国家经济和军事的强盛。我国清代以前，由于人少地多，历代思想家、政治家就主张人口增殖，并成为当时社会的主流人口思想；但清代以后，由于人口增长速度大于耕地增长速度，思想家们的人口思想就从人口增殖逐渐转向为人口控制，并提出了许多人口控制的主张。

人口理论是一定社会经济条件下的产物，是在一定的历史时代产生、形成和发展起来的。由于社会历史条件不同，经济、社会发展水平不同，人口现象、人口问题以及人口发展规律就具有与对应时代相符合的特征；再加上人们所处的社会地位以及所具有的文化水平不同，人们对人口现象、人口问题以及人口发展过程及其规律性的认识也不相同。因此，人口理论具有一定的时代特征，一定的历史性和社会性，在阶级社会中还打上了深深的阶级烙印。

人口理论较晚于人口思想出现。人们一般认为，科学的人口统计分析和比较系统的人口理论观点最早出现于16、17世纪的西欧。进入18世纪以后，随着政治经济学的出现，对人口和财富的关系特别是人口增长与生活资料的关系有了更进一步的论述。人口理论就在这一背景下适时产生并得到了进一步的发展。1789年，托马斯·罗伯特·马尔萨斯（Thomas Robert Malthus）出版了《人口原理》一书，这是人口学史上第一部系统完整的人口学专著，具有重要的学术价值和社会方法论意义，也是人口理论形成的重要标志。以马尔萨斯《人口原理》为起点，人口学家围绕着不同的人口现象、人口问题以及人口发展规律，运用不同的研究方法形成了不同流派、不同学术观点的人口理论，如社会学派人口论适度人口论、人口转变理论等。20世纪中叶以来，随着人口现象、人口问题日益和经济、社会、资源、环境等问题交织在一起，促使人们在研究人口发展过程及其规律时，更注重它和其他社会经济发展过程的相互关系的研究。这种全方位、多角度的研究一方面拓展了人口社会学的研究视野，另一方面又进一步丰富、深化了人口社会学的研究。

（三）人口过程

人口过程是人口社会学的另一基本范畴。人口是一个处于社会关系中的不断发展、变化的个人生命实体的总和。它不是一个静止的总体，而是处于不断运动、变化的过程中，形成一个不断运动的人口过程。人口过程是人口社会学的基本范畴，它要研究和说明人口的自然变动、迁移变动和社会变动，以及支配和制约这些变动的客观规律，并探索这些变动的原因、过程和结果。人口过程是人口的生育过程、死亡过程、人口分布与迁移以及人口再生产的概括，是一个动态的变化发展过程。人们通过出生和迁移进入某个社会，通过死亡和迁移离开某个社会，这些过程是重要的社会过程。人口过程是在特定的社会经济、文化和政治条件下进行的，受到各种社会力量的影响和制约，人口从出生到死亡的过程总是发生在某个特定的时间范围内。

人口作为有生命活动的个人的总和，首先和其他动物一样具有生物属性，也就是说，人口具有生育、死亡等生物性特征，具有从出生、发育成长、繁殖、衰老以至死亡的生命历程。人口社会学对人口变量、社会变量以及它们相互关系的探讨，就是建立在对人口基本过程研究的基础上。其次，人口过程还表现为人口的再生产过程。人口再生产是新一代的出生、成长和老一代的衰老死亡所构成的一个延绵不绝的过程。人口的生存与发展，包括人口的生命活动和人口的增殖，形成人口的生产和再生产，即原有的一代人的生命的生产和新一代人的生命的再生产。它通过新一代代替老一代的世代更替，实现人口的不断更新和延续。再次，人口过程还是社会本身内生的变量，通过对人口过程的认识和分析揭示社会经济、文化和政治的本质及内在规律。人口的社会变动是指人口社会构成的变动。社会制度变化了，人口的社会构成也要发生变化。即使在同一社会制度下，由于政治、经济、文化、风俗习惯等发生变化，人口的社会构成也会发生相应的变化。

（四）人口结构

人口结构是一个国家或地区的总人口中，各种自然的和社会的人口特征的分布状况。按人口过程的特点和运动方式来划分，可以把人口结构分成三大类，即人口的自然结构、人口的地域结构、人口的社会结构（婚姻家庭结构等）。人口的自然结构是按人的生物属性来划分的，主要包括人口的年龄结构和性别结构；人口的地域结构是按人口的居住区域来划分的，主要包括人口的城乡结构、地域分布结构；人口的社会结构是按社会发展中出现的关系和特征来划分的，主要包括人口的阶级结构、民族结构、宗教结构、职业结构、部门结构、文化教育结构、婚姻家庭结构等。虽然还存在着其他的人口结构的分类，如配偶关系别人口结构等，但是人口社会学更关注人口的自然结构、地域结构和社会结构。

人口的自然结构是人口的年龄结构、性别结构的总称，是由人类生物学规律的作用而产生和形成的，外在因素对其影响是非常小的。人口的地域结构、社会结构是人类社会发展到一定历史阶段形成的，并随着社会的发展而不断发生变化。人口的地域结构是指人口在一个已定区域中的分散和集中的程度，包括人口的地区分布结构和城乡分布结构等。人口的社会结构包括阶级结构、文化教育结构、家庭结构、社会劳动力结构、婚姻结构等，这主要是依据人口所具有的社会意义特征不同而划分的不同的结构。目前，人口社会学中需要解决的主要人口结构问题是：社会的各种人口结构的状况，社会的政治、经济和文化因素对人口结构状况的影响，人口结构状况如何对社会的政治、经济和文化因素产生影响等。

（五）人口发展

任何一个人口的规模、结构和分布在正常条件下都不可能是静止不动的，而是处于永不停息的运动变化之中。人口发展是指作为社会生活主体的人口，随着社会生产方式的进步，社会经济条件的变化，其数量、质量和结构及其与外部的关系不断由低级向高级运动的过程。人口发展既有数量的发展变化，又有质量的发展变化。人口发展是量变和质变的统一体。一定时期内的人口的自然变动、迁移变动和社会变动，必然会引起一定地区内人口数量的增减和人口内部质的结构变化，从而推动人口向前运动发展。人口发展受许多因素的影响和制约，包括人口自身的因素和经济、社会、文化、资源，环境等人口存在的外部因素，但归根结底的终极因素是社会生产方式。

（六）人口问题

人口问题是指一个国家或地区的人口发展过程中，在人口数量、人口质量、人口结构等方面出现的与社会经济发展不相适应的情况。从系统论的观点出发，人口问题归根结底是人口要素与其他社会要素之间的矛盾问题。从本质上来说，人口问题是社会经济问题，是发展问题。在人类发展过程中，人口数量和人口结构总在不断变化之中，当人口的某些方面与资源环境、社会经济不相适应时，就产生了人口问题。不同时代、不同地域、不同社会（在社会发展的不同阶段）人口问题的内容和形式是不相同的；同一时代不同地区、不同国家人口问题的内容和表现形式也不尽相同。决定人口问题具体内容的根本因素是不同的社会经济活动。

（七）人口规律

人口规律是指在人口产生、发展过程中，人口现象、人口过程、人口事件、人口结构、人口问题、人口变迁与人口发展等主要因素之间的本质联系及其发展变化的必然趋势。人口规律是客观存在的。

由于人口是一个具有许多规定和关系的丰富的总体，所以客观上存在着多种人口规律，如人口经济规律、人口再生产规律、人口的社会变动规律人口的地区变动规律、人口自然变动规律等。它们共同构成人口规律体系，完整地反映人口发展过程中各个主要方面的联系和发展变化的趋势，从不同侧面反映人口现象之间的本质联系以及发展变化的必然趋势。人口规律是社会规律，各种人口规律毫无例外地是由人类社会发展的普遍规律即生产力和生产关系辩证统一规律或一定社会生产方式所决定的。根据马克思主义的历史唯物观，人口规律如同一切社会规律一样，也可概括为两大类：一是适用于一切社会形态或某几个社会形态共有的人口规律，如人类自身生产和物质资料生产相适应的规律；二是反映特定社会形态人口过程特有的人口规律，如资本主义相对人口过剩规律、社会主义人口有计划发展规律等。

二、人口社会学的研究意义

人口社会学作为社会学的一门分支学科，是运用社会学方法对人口现象、人口问题、人口规律进行分析的一门学科。它通过对纷繁复杂的人口现象、人口问题的社会学分析来认识和理解人类行为和社会，在此基础上揭示人口运行及其发展的规律性。

人口社会学是把人口过程放在大的社会背景中去研究，借鉴人口学和社会学理论、技术和方法对人口变动中的社会问题和社会发展中各种人口问题进行系统的研究和论证。如果仅凭借社会学理论研究社会变迁，显得比较薄弱，将人口学置于社会学之中进行研究更相得益彰。这样才能全面透彻地研究人口发展和各种社会现象之间的本质联系，不是孤立地去分析人口资料和数据，而是结合与其互为因果关系的社会生活及其影响因素，注重人口过程的社会学分析理论和方法。人口社会学的研究意义在于人口社会学涉及社会生活的方方面面，它们既受各种社会力量的影响同时又影响着各种社会力量，学习人口社会学，可以更好地掌握如何从生活经验出发来构建理解宏观社会的结构、制度和文化的方法，更深入地理解我们生存于其中的社会和社会行动者的行为。

第二节　人口社会学的研究方法

一、人口社会学的统计法

人口学是研究人口的发生、发展及其变化规律的学科，人口社会学是研究人口与社会相互作用及其变化规律的学科，两者研究的主要对象都是人口。统计法是人口学和经济学的常用方法，所以人口统计法也常用于人口社会学研究中。

人口统计法是从定量上研究人口现象时经常使用的方法。它既是收集人口数量变化资料、探索人口数量变化规律的方法，也是从静态、动态和未来趋势三方面研究、分析人口现象时常用的方法。人口既具有自然属性又具有社会属性，人口统计既要统计人口的社会特征，又要把人口的生物特征和规律联系起来进行统计。所以，人口统计法不仅是人口学的研究方法，也是人口社会学的研究方法。人口社会学统计方法可分两大类。

一是人口普查统计，它是对一个地区或一个国家的人口数量和质量、生物特征与社会特征进行的普遍调查统计。人口数量和质量都受时间与空间的制约。所以，在人口统计中，又可分为年初人口普查统计、年末人口普查统计、年均人口普查统计等。人口社会学的人口统计与人口学的人口统计不同。人口社会学统计决不会进行单纯的生物人口数量统计，而是生物性与社会性综合统计。人口社会学统计表中，大多包括人口的住所（籍贯等）、性别、年龄、文化、职业、职务、职称、收入、消费，乃至各类需要、欲望、态度、情感等内容。因为人口社会学在研究人口现象时总是把人口现象放到一定的社会中去进行研究。所以，人口社会学的人口统计实质上是一种普遍统计。

二是分层统计。分层人口统计是为了探索某一层次的人口或某一范围的人口与社会发展变化之间的规律所进行的统计，它是根据研究需要所进行的统计。人口分层有两种分法，一种是按生物性特征的人口分层，另一种是按社会性特征的人口分层。

按生物性特征的分层统计包括三个方面：一是人口年龄分层统计，如青少年人口统计、老年人口统计、劳动年龄内人口统计、婚龄人口统计等。二是人口再生产分层统计，人口再生产统计是对人口再生产分层所进行的统计，包括婚姻人口统计、计划生育人口统计、出生人口统计、育龄妇女统计、生育年龄人口统计等。通过统计而计算出的结婚率、离婚率、节育率、出生率、总和生育率、年龄别生育率、独生率等等指标，找到出生人口数量、质量和生育妇女的生育规律等的发展变化趋势。三是死亡分层统计，如婴儿死亡统计、劳动人口死亡统计、老年人口死亡统计、传染病死亡统计、交通事故死亡统计、安全生产死亡统计、城乡死亡人口统计等。通过对不同年龄、不同原因、不同环境的人口死亡统计，计算出总死亡率、年龄别死亡率、婴儿死亡率、疾病分类死亡率等，以探索出某一地区或国家的人口死亡动态与原因，并结合出生人口统计，探索出人口自然增长率及其发展变化规律。

按社会属性进行的人口分层统计通常也分三大类：一是经济活动人口统计，包括对人口的行业、职业、收入分配、消费等经济内容所进行的分层统计；二是人口文化分层统计，包括各种文化程度统计和人口的职务、职称等社会地位统计；三是人口的政治属性统计，包括人口的阶级、阶层统计和政治地位统计等。

人口是一个具有多种规定性与关系的丰富总体，人口社会学统计通常是对人口的生物性特征与社会性特征的综合统计。在进行各类人口统计时，要注意以下几点：一要根据调查研究目的选择好统计指标与正确理解指标。统计指标是反映调查对象的某一特征与规律的标志，指标选择或调查者对指标理解不科学，就不能达到统计的目的。二要选择好统计的范围。范围太小不能说明整体和科学规律；范围太大，又浪费时间与精力。三要统计准确，不能虚报、漏报统计数字。

二、人口社会学的调查法

（一）普查法

人口普查法是一个国家或地区，在某一标准时间点上对其境内所属人口及其相关的社会、经济、文化与环境状况，进行逐户、逐人的登记，取得资料后进行汇总与分析研究的方法。这一方法的特点是，调查得来的资料具有普遍性、准确性、统一性、个别性，普查得来的资料既是个别的，又能从个别中找出一般，即具有普遍性与规律性。

人口普查的原则：一是要有统一指令与方法。如果各行其是，没有统一指导与方法，调查出的结果就会有很大误差。二要有严格的时间与地域限制。人口是在时间和空间中运动着的人口。时间与空间发生变化，人口的数量和质量都会改变。三要有科学的普查指标和项目。

（二）抽样调查法

抽样调查法是在调查总体太大，无力进行普查与统计时所选用的一种方法。其特征是根据研究目的，对调查总体按一定标准进行抽样。人们在使用抽样调查法时必须注意以下几点：

第一，样本数量确定要科学，要合乎量变质变规律。所抽样本太少，得出的资料不能代表总体特征；样本太多又会形成人力与物力的浪费。

第二，抽样方式要科学。抽样方式包括：随机抽样、分层抽样、等距抽样、分层随机抽样和概率抽样等，选用哪种抽样不能主观决定，要随所调查的总体大小和调查目的而定。总之，所抽出的样本一定要具有总体特征的代表性。

第三，问卷设计要科学。问卷的科学性主要表现在概念的准确性，反映在概念指标的完整性、概念指标的正确性和问卷内容的逻辑性三方面，只有三者统一于问卷设计中，才能设计出科学准确的调查问卷。例如，人们要调查人口的素质，在设计问卷时，首先就要对人口素质这一概念的本质与内容有正确的理解。如果不知道人口素质是人口总体多方面的质的规定性，在设计问卷时，就可能只调查人口的科学文化素质，不调查人口的生理素质；在问卷的科学文化素质部分，就只有文化、技术素质，没有思想道德素质。这类问卷调查出来的结果就不能全面、正确地反映人口的真实素质。

第四，问卷填写要科学。问卷填写一要真实，二要清楚。所谓清楚包括态度清楚和字迹清楚两方面。在态度清楚上，不能有模棱两可的情况出现。例如，当问卷问到"你认为中国人口的素质高还是不高？"时，填写问卷者只能选择"高、不高、不清楚"三个答案中的一个，不能选两个。

第五，问卷回收要科学，一般不能少于95%，更不能丢失。问卷回收少于95%，不仅破坏了按总体设计的问卷量的科学性，而且破坏了调查的真实性。不交问卷者很可能正是那些对调查问卷的内容持有不同态度或想在问卷上表明自己的真实态度而又怕表明自己的态度者。因此，问卷调查所得的最终结论就很难正确反映现实。有的学者或党、政、企、事业单位负责人将别人的调查问卷原封不动地搬来使用，则违背了一般和特殊的辩证关系，因而调查出来的结果很难正确反映实际情况。所以，调查问卷设计一定要与调查对象的时空变化状态结合。

科学的调查问卷是从实际中来到实际中去的问卷，即先到实际中去进行调查，提出假设，形成问卷，再去发放调查问卷，验证假设。问卷调查必须与典型调查、座谈访问、收集资料相结合，然后通过综合资料的分析研究，找到结论。这些年不少人仅凭问卷上的资料进行分析研究，这是不科学的做法，因为问卷并不能反映出事物或现象的全部成因与发展过程。人口社会学研究的方法还包括参与法、访谈法、观察法、实验法、文献分析法、跟踪调查法、比较法以及人类学研究方法等。

第三节　中国人口思想与人口社会学的发展研究

一、中国人口思想

（一）中国古代人口思想

中国古代人口思想是指鸦片战争以前中国思想家关于人口数量、密度及其与经济发展的关系的思想。中国早在春秋、战国时代已有丰富的人口思想。儒、墨、道、法各家的代表人物都曾在不同程度上考察了人口问题，提出了自己的见解。他们的人口思想，包括对人口的数量、质量、结构、分布、迁移的看法，成为中国古代各种人口思想的主要渊源。

在中国古代社会，以手工劳动为基础的自然经济占统治地位，劳动和土地是财富的源泉。经济增长和劳动生产率的提高主要靠协作和分工的发展，这要以一定数量和密度的劳动人口的存在为前提。劳动人口又是统治者的兵力、徭役和税收的源泉。在中央集权的封建专制国家形成以后，怎样获得大量劳力、兵源和税源，更是历代王朝为巩固自己的统治所最关心的问题。因此，人口问题在中国古代很受重视。人口的多少、人口和土地的比例关系、生产人口和非生产人口的结构等，是古代思想家在考察人口现象时主要关心的问题。正是伴随着人口和人口与社会经济关系的不断变化，对人口问题的认识才能不断深化，中国人口学才得以萌芽和发展。仅从他们对人口数量增长的不同观点来看，可以大体上把古代人口思想分为：（1）主张人口大量增长；（2）主张人口适度增长；（3）反对人口增长过多、过快，实质上是主张控制人口增长等三种类型。此外，人口经济思想、人口分布思想、人口结构思想人口素质思想、人口统计思想以及对人的全面认识等也都已经产生。

中国历史上的人口思想是丰富的。虽然这些思想有的只是突发的火花，有的只是粗略的描述，但毕竟是对中国人口问题的思考。如果仔细考究一下，我们就能从中寻找出现代人口学在思想方面的雏体。王梵志和冯梦龙有关节制生育的思想朴素地体现了现代控制生育的观点；"人地相称""以人称粟""人民众而货财寡"则含有适度人口思想的萌芽；以振粮吸引和迁移灾民的做法则符合现代人口迁移的推拉理论。这说明现代中国人口学有着悠久的历史渊源。历史上的人口思想构成了中国人口学的一个组成部分，也构成了中国人口学的认识基础。

（二）中国近代人口思想

从鸦片战争到辛亥革命，直至 1949 年前的一百多年间，中国人民遭受了统治阶级残酷压榨、帝国主义和官僚资本主义的疯狂掠夺，以及连绵不断的天灾人祸，人民大量失业，众多农民破产逃亡，人口与土地及生产资料的平衡关系一再遭到破坏。国弱民贫和"人满为患"成为中国的巨大负担。对于这一态势的认识和解决途径的探究，成为该时期思想家和政治家关注的重大课题。随着西方文化的传入，一些西方人口思想逐渐与中国人口思想渗透、融合，形成了有时代特色的人口思想。因此，这一时期被称为中国人口思想发展的融合期。

　　1840 年鸦片战争后，中国逐渐沦为半殖民地半封建社会，中国封建社会的经济和政治结构逐渐走向解体，人口思想出现了新的变化。戊戌变法前，东西方人口思想的融合是渐进的；戊戌变法后，西方人口思想大规模传入，中外人口思想的融合进入活跃期。

　　人口传承思想处于新旧交替之际的思想家龚自珍，在分析了中国分配制度和人口经济问题后指出，人口经济问题是由社会财富分配严重不均造成的，发展生产和改变人口不合理分布是解决人口经济问题的途径，他积极主张组织移民开发西北。汪士铎继承徐光启人口 30 年增长 1 倍的观点，指出人口增长超前于耕地扩大和粮食等生活资料增长，由此出发提出了一整套灭绝人性的摧残人口特别是劳动者和妇女的方案，以期减少人口增长。在这种痛苦而迷惑的探求选择中，西方之风慢慢吹进中国大门，影响了中国人口思想的发展轨迹。最早接受西方影响的王韬高屋建瓴地指出，国力强弱并非取决于人口多少，而在于社会制度的先进与否，提出"富国强兵之本，系于民而已矣"的"重民"观点，同时提出"禁游民"（指严禁社会上无益有害的寄生阶层，即官、士、医、僧道四类人）的主张①。王韬还主张禁止纳妾，男女并重，严格实行"一夫一妻"制。从洋务派中来的早期资产阶级改良主义思想家薛福成，在其出使欧洲期间形成的人口思想与洪亮吉和汪士铎一样，坚信人口过多会造成生计艰难，他从西方国家发展资本主义促进生产力发展的历史和现状中受到启发，得出只有像西方国家那样广开财源、大力发展资本主义工商业和交通运输业、采矿业及大工业，人口过多和人民无以为生的问题是可以解决的。此外，他还提出了通过向国外移民进行劳务输出和扩大人民就业来解决"人满为患"。这些观点无疑是有突破性的，由人口与生产资料的关系由对立而走向统一协调。

　　马尔萨斯人口论刚刚传入中国，谭嗣同便断然否认了其"土地肥力递减规律"，肯定了农业劳动生产率可以大幅度增长的可能性，对抵制马尔萨斯人口论在中国传播起到了积极作用，指出解决人口问题只有发展生产。梁启超在接触西学的过程中对中国的人口的问题进行了深入研究，提出禁止早婚、提倡晚婚、节制人口的主张。李大钊的人口思想主要体现在他对马尔萨斯人口论的批判中。1917 年，李大钊发表了《战争与人口》一文指出马尔萨斯人口论是"人口太多是导致世界大战的根源"这种荒谬的理论依据，并从四个方面论述

---

　　① 张远广，李振平，陈瑛. 中国地学通鉴 人口卷 [M]. 西安：陕西师范大学出版总社有限公司，2019：159.

了马尔萨斯人口论的不足。在李大钊看来，马尔萨斯人口论与各国人口发展的实际不符，抹煞了人类向生产广度、深度进军的可能性，因而"土地报酬递减规律"不能成立。1920 年，陈独秀发表了《马尔萨斯人口论与中国人口》一文，承认了人口问题的存在，指出应当从社会制度和经济组织上加以解决，主张实行限制人口的办法。孙中山的人口思想概括起来有两方面内容：一是主张增殖人口，二是主张"恢复民族精神"。他从"国以民为本"出发，十分重视人口增长，指出要增加人口，除了奖励生育和改善医疗条件外，最主要的是大力发展农业，解决粮食问题。他反对马尔萨斯的人口论，重视移民问题。他的这一思想及其对中国人口问题的乐观看法有其时代背景和局限，对早期人口学家产生了巨大影响。

现代中国人口思想的萌芽辛亥革命前后，中国人口问题已引起学术界的充分重视。抗日战争爆发前夕，中国人口学家从各个不同侧面对中国人口问题进行了深入研究，出版和发表了许多人口问题专著、论文和调查报告。抗日战争和解放战争期间，人口研究被迫中断。这一时期，对中国人口问题持截然相反的两种观点。在乐观派的观点中，中国地大物博，生养人口绰绰有余，只要发展生产，改善社会制度，就不存在人口问题，因而反对节制人口；在远见者的观点中，中国存在着严重的人口过剩，人口过多已造成社会贫困和动乱，因而力主节制生育。这两种观点在后期中国人口思想发展中相互碰撞，最终以节制生育、协调人口资源与环境的关系成为中国现代人口思想的主流。20 世纪 50 年代以前，中国人口学家和社会学家费孝通、马寅初、陈达、陈长蘅、许仕廉、翁文灏、胡焕庸等分别从社会学、经济学、人口学、地理学等不同侧面考察了中国人口的历史和现状，进行了长期研究，出版了许多著名论著。最终得出中国贫困落后的原因是"人口太多"，主张"节制人口"，进行"生育革命"，推行"自然节育法"，实行"时中人口"（即适度人口），限制人口的数量，改善人口的品质，并提出"节制生育"，设立"保育院"等具体政策和措施。

（三）中国现代人口思想

中国现代人口思想以社会学和经济学的人口思想为主，其中马寅初先生的《新人口论》最具代表性。1949 年—1952 年中国国民经济迅速恢复，人口无计划自由发展，年均自然增长率高达千分之二上下，反映在人口思想和人口理论上，误认为人口持续增长是社会主义人口规律的客观要求，是社会主义制度优越性的具体表现，因而严格限制人工流产，禁止绝育。人口高速增长引发了许多社会问题，因此控制人口、实行计划生育的思想再次登上历史舞台。时任北京大学校长的马寅初于 1957 年发表了著名的《新人口论》，全面阐述了他的人口思想。他指出中国人口增长太快，人口多且资金少，这会影响工业化的进程、影响人民生活水平的提高，因而应该控制人口。他明确地把中国的人口增长与工业化进程联系在一起，并在此基础上提出了控制人口增长的思想：提出掌握人口数据是制定政策的关键；提出人口增长与社会发展之间的矛盾问题。他提出了解决中国人口问题的三点建议：一是要进行新的人口普查；二是大力宣传、破除"不孝有三，无后为大"和"五世其昌"等封建传统观念，等到宣传工作收到一定效果后再行修改婚姻法，实行晚婚，大概男子 25 岁、女子 23 岁结婚比较适当。实行生两个孩子有奖，生 3 个孩子要征税，生 4 个孩子要征重税的办法；三是在节育的具体办法上主张避孕，反对人工流产。

然而自 1958 年起，人口思想严重偏离实际，人口研究成为学术禁区。由于人口迅速膨胀，加之自然灾害和经济建设的失误，终于积淀沉重的人口包袱，迫使有识之士重新审视中国的人口问题。国务院计划生育办公室的成立，一个"有计划地控制人口增长"为基本国策的人口政策在中国诞生；1973 年，国务院计划生育领导小组成立，并提出以"晚、稀、少"为积淀的计划生育措施开始在全国范围内实施。

1978 年后，人口理论与实践出现了一系列变化，人口研究从国情出发，既重视解决实际问题，又注重国际交流，人口思想异常活跃，逐步形成了人口、资源、环境与经济社会协调持续发展的新思维，主张全面地、有计划地控制人口增长，提高人口素质。至此，一个带有战略性的、切合中国国情的人口思想完全确立，并写进了《中国 21 世纪议程》。

二、中国人口社会学的发展研究

和人口学和社会学一样，人口社会学作为一种"舶来品"，其在中国的发展主要体现为一种"本土化"的过程。人口社会学的"本土化"过程与社会学的"本土化"过程基本融合在一起。社会学的"本土化"过程是指使外来社会学的合理成分与本土社会的实际相结合，增进社会学对本土社会的认识和在本土社会的应用，形成具有本土特色的社会学理论、方法和学术取向，其研究思路是一种内外结合的本土化路向。人口社会学的"本土化"过程始于 19 世纪末 20 世纪初，到目前大致经历了以下三个阶段。

（一）第一阶段：20 世纪二三十年代

人口学和社会学作为两门独立的学科存在，都已经历了一百多年和二百多年的历史。中国对这两个学科的研究可以追溯得很早，但将这两个学科结合起来研究并取得显著成效是 20 世纪二三十年代的事情，当时出了一批以陈长蘅、许仕廉、陈达、吴景超、李景汉等为代表的人口社会学派，发表了《中国人口论》《中国人口问题》《人口问题》等论著，他们主要针对当时中国 "人满为患" 的状况，将西方人口思想本土化，从社会学角度阐述了人口节制思想。

1918 年，陈长蘅先生出版了《中国人口论》，这是最早的一部研究中国人口问题的专著。他信奉马尔萨斯的人口论，主张 "人多致贫" 的观点，曾断言中国民贫的最大原因是人口增长过快而生产力的增长不及人口的增长。在他的观点中，缓解人口压力的根本途径在于：提倡比欧美各国更加健全和彻底的、以节育和优生为内容的 "生育革命"。这一革命须由国家干预，并通过各专门机构宣传优生知识，推广不悖人道、不伤身体、普遍实用的 "自然节育法"。

许仕廉，著名社会学家和经济学家，其早年曾留学美国。他提出要讨论中国的所有经济、社会与政治问题必须从人口问题入手，人们要解除人口过剩现象，需另寻出路：第一，中国过剩人口，可向国外移民。第二，若不能扩充殖民地，即需实行生育节制，自动地限制人口总额。第三，若不愿实行节育，即需改变生活习惯，减低生活程度。

在人口社会学 "本土化" 的第一个阶段，即 20 世纪二三十年代，人口社会学研究取得了一定的成就。这一时期是中国社会学的初创时期，第一代社会学家们十分重视对人口问题的研究，重视社会调查，通过理论和实际的结合研究社会和人口问题。除了上述三个学者对人口问题的研究外，晏阳初的平民教育，林耀华、费孝通主持的云南调查、江村调查等也都是在人口社会学 "本土化" 方面的有益探索。他们都推动了人口社会学在中国的发展。

（二）第二阶段：20 世纪 50 年代初至 1957 年

人口社会学 "本土化" 的第二个阶段是 20 世纪 50 年代初至 1957 年。这一时期，人口死亡率大幅下降，导致人口大幅增长，人口与国家工业化的矛盾日益突出。在第一次全国人口普查后，中国人口数量非常大，这引起了人口学家和社会学家对人口问题的广泛关注。马寅初的《新人口论》是人们最熟悉的研究著作。陈达、吴景超等老一代社会学家也就人口与工业化问题以及节制生育问题发表过文章。结合当时中国的国情，他们对社会主义的人口规律进行了研究。这些研究是对国家最现实问题的研究，它紧密结合中国实际，不仅发现问题、分析问题，而且提出了解决问题的正确主张，如推行晚婚、节育、将人口发展纳入国民经济计划等。以马寅初为代表的这批学者，以马克思列宁主义、毛泽东思想为指导，在思想改造的同时，在当时党的百花齐放、百家争鸣的双百方针下开始对中国人口问题进行反思。但是这次人口研究的生机勃勃的景象并不长久，直至 20 世纪 70 年代才有人开始研究。

（三）第三阶段：20 世纪 70 年代后至今

20 世纪 70 年代起，人口增长与经济发展的矛盾越来越尖锐，20 世纪 70 年代末，中国经济几乎处于崩溃的边缘，而人口也处于无政府状态，增长速度极快。实行计划生育，控制人口势在必行。十一届三中全会后，随着改革开放的开展，计划生育工作被提上议程，人口研究的禁区开始被打破。1983 年我国开始正式实行计划生育政策，推动了人口理论的研究和实际调查工作的开展，人口研究出现新的热潮，出现了一大批学术著作，1986 年桂世勋出版了第一本人口社会学教材《人口社会学》。

这一阶段，随着人口研究禁区的打破，人口社会学取得了一系列的成绩，人口学开始被作为一门独立的学科被讨论。国内学者从研究对象、国外理论介绍、具体课题的实证研究等方面取得了一系列的成果：（1）介绍了大量西方人口社会学的理论，并将其与中国的实际相结合。（2）明确了人口社会学是研究人口过程与社会发展之间的关系，它的研究范围是与社会问题有关的人口问题或与人口问题有关的社会问题，如人口增长过快导致的衣食住行、教育和就业等方面的问题，社会偏见造成的生育偏好问题等。（3）对大量人口问题开展了社会学的实证调查研究，如大规模的生育率抽样调查、残疾人抽样调查、儿童死亡率调查、城市人口迁移调查、老年人口调查等。对生育率的研究最为显著，学者们分析了社会制度、社会行为、社会组织、文化传统、政策法律、教育水平、家庭、婚姻、社会心理等方面对生育率变化的影响。（4）研究课题愈来愈向纵深发展，出现了大量文章和著作。目前对人口政策及生育率的分析和有关人口预测已成为普遍的研究课题，并已扩展到人口与社会、经济、生态各个方面相互关系的研究，如人口迁移和城市化、婚姻和家庭、老年人口的社会保障、人口老龄化、独生子女问题、少数民族人口问题、贫困地区人口问题、人口素质等，都有了一批研究成果。

总之，人口社会学在引入以来获得了长足的发展，"本土化"过程稳定而有序地进行。但是我们也应该看到正如社会学在中国没有得到全面认可和重视一样，人口社会学的发展还不够成熟。同时我们也应该认识到，随着社会经济的不断发展，国家对人口问题的进一步关注，中国人口社会学必然会获得更加长远的发展。

第四节　人口城市化问题探索与人口安全

一、人口城市化问题

人口城市化指的是农村人口流入城市的过程，它与大工业中心的发展相联系，是社会经济发展的必然趋势。人口城市化形成人口问题，一般说是人口从农村向城市转移的速度过快，形成城市人口的比重过大、数量过多的局面，超过城市的合理容量，造成就业、住宅、环境等多方面问题。此外，农村青壮年人口大量外流使得农村经济凋敝。尽管发达国家的城市人口比重大大高于发展中国家，但一般说来人口城市化带来的问题在发展中国家却比发达国家严重得多。许多发展中国家农村人口大量流入城市，居住在城郊的简单场所，形成了"棚户区"，那里生活条件恶劣，人们就业十分困难，这是一种比较严重的人口城市化问题。在发达国家，城市人口比重非常高，甚至上千万的人居住在同一个大城市、大都市、大工业中心，也带来了一定的城市人口问题。为了寻求舒适的生活环境，近年来发达国家出现了一种人口从城市迁到城郊、农村的新趋向。

二、人口安全

（一）人口安全的定义

传统意义上的安全主要是指国家（地区）的军事安全和政治安全。然而，在新的历史条件下，全球化进程不断推进，加剧了世界各国间综合国力的竞争，促进了经济活动的相互交融、社会文化的相互渗透和居民之间的相互迁移。因此，越来越多的非军事、非政治因素深刻地影响着一个国家（地区）的综合国力，带来了国家发展的全新挑战，拓展了包括人口安全、经济安全、资源安全、环境安全、信息安全、食品安全、文化安全等在内的非传统意义上安全的内涵，形成了新领域的综合安全观。

研究人口安全，首先需要提到人类安全，它们是既有区别又有联系的两个概念。"人类安全"这一概念最早是在 1994 年联合国发布的《人类发展报告》中提出，收入安全、食物安全、健康安全、环境安全、人身安全、文化安全、政治安全构成人类安全的基本要素，突出的是"以人为本"的内在安全理念，指每个人都应拥有免于承受诸如饥饿、疾病、压迫等长期威胁的安全，应获得在家庭、社区、公共场所等突发性事故伤害的保护。

而"人口安全"的提出，则经历了从应对"人口爆炸"、缓解"少子化"、控制"老龄化"、消除人口贫困以及适应气候变迁，到最终维护"人口安全"的漫长历程。这里的"人"相对于国家或地区而言，强调的是人的集合的概念。2003 年，我国首次将国家的"人口安全"同"经济安全""军事安全"和"信息安全"共同讨论，并认为"人口安全"是国家最基本、最重要的安全问题。人口安全由此表达为国家（地区）的人口规模适中、结构合理以及流动有序的状态，而且这种状态既要满足经济、社会、资源环境的可持续发展需要，又要有利于实现社会、政治的稳定。简单地说，这一时期的人口安全就是两个平衡，一是人口内部系统的平衡；二是人口内部系统与其外围系统的平衡。由此可见，"人类安全"和"人口安全"存在差异性，前者关注的是生物学意义上的人的安全，重点是个人权利的安全；后者关注的是社会学意义上的人的安全，重点是人群状态对国家或社会安全的影响。

值得注意的是"人类安全"和"人口安全"之间也存在着天然的联系，不因视角的不同而割裂。（1）一个国家（地区）各个领域内的安全问题均与"人"这个社会主体有着深入的联系，并最终影响着人口的全面发展；（2）人的安全领域的主题随着历史变迁而发展变化，集体和个体的人口问题均可能成为影响这一时期人口安全的主题；（3）国家是个人安全的必要条件，是人口安全的基本提供者。因此，人口安全应是一个动态发展的概念，随着人口问题的多元化而具有更为广泛的内涵，包含人口的群体安全和无数个体安全问题，短期安全和长期安全问题，局部安全和全局安全问题，并最终着眼于人口的生存安全和发展安全问题。

从古至今，人口安全问题都是一个历久而弥新的课题。进入 21 世纪以来，迅速变化的国际政治经济形势和国际关系深刻地影响了传统人口安全的认知，以保护人口生存和发展不受侵犯为基点的安全理念成为富有时代特征的人口安全议程，那些突破传统主权和政治限定的人口安全问题越来越得到人们的关注。例如，全球化、气候变化、自然灾害对人口生存环境的影响，新型流行性疾病对人口健康的危害，以及食品安全、贫富差距、城市灾害等方面危及人口生存和发展的问题，已经成为现阶段显著并且引起了各国政府、非政府和公众高度重视的人口安全问题，逐渐成为国际社会对话、交流、合作的主题。当代人口安全问题的拓展和细化是正视现实人口问题和化解人口危机的质的飞跃，具有深远的价值意义。

（二）人口自身发展安全及其规律性

人口自身发展的安全基本上属于结构性、周期性的人口安全问题。因为人口自身的发展意味着人口生态系统的发展，而人口生态系统的健康发展需要多样性、均衡性、互济性的结构，否则人口安全就得不到基本保障。

"结构性"是指任何一个具体的人口都具有结构的特点，而同样规模的人口其问题表现之所以不同，就在于人口结构的差异性。人口的结构和功能状态反映了人口有没有问题以及问题的严重程度。人口结构可区分为狭义的人口自然结构和广义的人口社会结构。人口的力量形态在根本上取决于人口的结构状态。一个安全的人口是一个结构健全的人口，如男女老幼的人口能保持适当的比例关系。人口结构会产生一种惯性力量，在一定时期内会形成一种不以人类意志为转移的内在的发展变化趋势。一旦形成一个不健全的人口结构，就可能产生持续的人口不安全效应。

"周期性"是指整个生命周期中人口发展需求渐变效应和代际互助效应。人口发展的需求渐变效应是说在不同的生命周期阶段，人口的需求是不同的；即便是同一个人口主体，也会带来不同的年龄需求效应。人口发展的代际互助效应是说在家庭生命周期的不同阶段，代际关系是变化的。在早期是抚养关系，在后期是赡养关系。生育和养老构成了人类代际传承和反哺文化的两个端口。所以，生育问题和养老问题是天然相连的。在家庭养老制度中，生育资源是最基本、最可靠、最有效的养老资源。将生育和养老结合起来分析，就可以引出多子女老龄化、少子女老龄化、独子女老龄化和无子女老龄化的四个基本分类，并从中判断对人口实施社会控制条件下各类计划生育家庭养老功能的差异性。

"人口发展"需要正确处理好人口数量、人口素质、人口结构和人口分布诸多方面的内在关系，需要跳出单纯从人口数量来看人口问题的狭窄视野。人口发展实际上就是人口数量、人口素质、人口结构和人口分布四个方面相互联系的变化过程。这四个方面的问题不是截然分开的。人口数量、人口素质、人口结构和人口分布的分类只是出于研究和认识的需要，实际并非不同的问题，而是人口问题在不同层次、不同角度、不同维度的展示。只有从有机的和联系的角度出发，才可能建立起中国人口安全发展的社会机制。

第一，人口数量问题最直观也最浅表。人口数量问题只是系统性人口问题的一部分，深层次的问题是人口素质、人口结构和人口分布问题。只有投资人口素质、优化人口结构和改善人口分布，才能从根本上消解和转化人口总量过多所带来的巨大挑战。

从积极的视角出发理解和转化人口数量的乘数效应（分子效应）和除数效应（分母效应）。人口数量的乘数效应体现了人口增长的同质性影响和规模性影响。在假定人口需求模式相同的情形下，人口增长所发挥的乘数效应将成倍放大单位人口的需求效应，从而展示出人口规模膨胀的影响力。人口数量的除数效应则体现了人口是天然消费力的基本原理。但在市场经济体制下，"身心欲求"和"有支付能力的有效需求"大不相同。分母效应只是说明了人口增长所带来的潜在的消费欲求压力的大小。在实际生活中，将人口当作分母来处理是有前提条件的。

第二，人口素质问题是十分关键的人口问题。从人口经济学的角度看，人口素质其实就是整个生命周期中潜在的、现实的和剩余的这三种形态的人力资本。人是人口的主体性，口是人口的规模性，是"人"决定"口"而不是相反。人是生产力和消费力的对立统一。人口力量到底是消极的力量还是积极的力量，在根本上取决于人口主体性的发挥。人口素质越高，人口数量的积极效应就越大；反之，则越小。同时，人口文化素质的提高也可以降低生育率。

第三，人口结构问题是更深层次的人口问题。一定的人口结构决定了该人口所具备的功能和影响。人口的结构和功能是天然相连的，这种"功能"自然能很好地反映出人口的"力量"。要真正把握人口发展的内在规律，坚持系统的、结构的和互动的观点十分必要。健全人口结构是人口发展战略的内在要求。

第四，人口分布问题是日趋重要的人口问题。人口流动的大趋势利大于弊，是人口活力的反映。越是封闭、简单、平面的生态系统，人口承载力越低；越是开放的、复合的和叠加的生态系统越会在同样的单位土地面积上提高自身的人口承载力。人口集聚可能成为提升资源环境人口承载力的契机。经济学已经证明：人口城镇化更有助于经济有效地利用资源和实现规模经济。

(三) 维护人口安全的策略

1. 科学合理地处理各种人口安全问题

"人口问题本质上是发展问题"这一命题的提出意味着人口问题具有十分强烈的"相对性"。

首先，"人口增长"是一种中性现象。笼而统之地谈人口增长的好坏并无意义，价值评判需要结合一定的社会经济标准进行。概言之，一是社会经济可持续发展的标准，二是不断改善的生活质量标准。

其次，在发展的不同阶段，人口增长问题的严重程度是不一样的。在一个阶段人口增长成问题，到另一个阶段人口增长就可能不那么成问题，甚至不成为问题。这是因为社会经济条件或者说人口增长的历史条件发生了变化。同样规模、同样增长率的人口在不同的社会和国家，人口问题的表现会有诸多的差异。人口问题的相对性引出了一个人口问题的变异性，这就是人口问题的转型，从来就不存在一成不变的人口问题。

再次，"相对性"还表现在人口问题是人口变数和非人口变数综合作用的结果，而不仅仅是人口因素的影响。人口增长与社会经济的发展和资源环境的变迁总是处在一种相对动态的平衡或非平衡的过程中，这样问题的产生就既可能是因为人口的原因，也可能是在非人口的方面。人口系统与非人口系统的动态平衡需要相互的适应而不是单向的适应。有时候，系统之间关系的协调只能从社会经济方面，特别是制度创新方面来入手。

最后，"相对性"表明中国人口虽然过剩，但"过剩人口"与"必要人口"之间存在着转化的可能。事实上，改革以来，通过非农化和城镇化，中国过剩劳动力的生存空间和发展空间得到了很大的拓展，大批的剩余劳动力已转化为必要劳动力，为中国的经济增长做出了贡献。

2. 在协调人口与发展的过程中妥善处理好六组关系

维护和促进人口安全，需要凸显以人为本、全面协调、持续发展的原则，在协调人口与发展的过程中妥善处理好六组关系。

(1) 人口数量和人口结构的关系

必须统筹解决素质、结构等人口发展问题，优化而不是控制人口发展。人口存量、增量、流量与人口结构要兼顾，不能在"人口控制"的传统理念下过分牺牲人口结构。即使在中国这样一个人口规模第一的国家，生育率也并非越低越好，目前我国的生育率已非过去的高生育率，而是进入了超低生育率陷阱的过低生育水平。中国需要安全的人口战略，将生育率调节到一个更替水平上下的适度水平上，更有利于维护长期的国家人口安全。

（2）男性人口和女性人口的关系

倡导社会性别公正，力求男女权利平等，维护人口生态安全。维持出生性别比平衡是人口生态安全的需要。出生性别比的失调必然导致婚姻挤压、拐卖妇女、性犯罪等一系列严重的社会问题。这是一个必须引起高度关注的人口安全问题。出生人口的性别失衡所造成的恶果虽然很难预测，但负面的影响一定是存在的。

出生人口性别比普遍和持续的失调导致人口婚配生态的严重失衡，会对不久的将来带来十分严重的社会安全问题。出生性别比普遍、持续的失调将导致两性人口非均衡发展，导致社会学意义上的"人口生态危机"和"青壮年人口的婚姻安全"。基于"食、色、性"的公理性认识，这个问题可能带来的恶果不仅大致可以预见，而且问题十分严重，必将引发大面积的社会安全问题。在一夫一妻的婚姻制度下，必然有上千万的可婚过剩人口，部分单身男性将沦落为威胁社会稳定的"狼性人口"。可以预期的是，出生人口性别比异常导致的人口性别结构的继发性失衡将进一步加剧，潜在的问题将在未来陆续爆发。

（3）年轻人口和老年人口的关系

在追求可持续发展的过程中，要高举代际公平的旗帜，努力维持比例适度、关系融洽的代际关系，为和谐社会提供一个适度老龄化的人口代际关系，使得人口少子化和人口老龄化能平衡、协调地发展。在老龄化问题上，需要警惕生育率快速、持久的下降对家庭和社会养老功能的不利影响。在未来时期，少子老龄化、独子老龄化和无子老龄化所带来的挑战是巨大的。目前的人口安全问题主要是家庭层面上的独子老龄化所带来的养老安全问题。

（4）当代人口和未来人口的关系

要站在代际利益均衡的角度而不是从当代人或者后代人的单方利益出发来考虑人口与发展政策的出发点。人口控制政策并不足以解决当代人口和未来人口的关系。大人口观念需要大人口政策，要从数量看人口转变到从结构看人口，从静态看人口转变到从动态看人口。

（5）家庭人口和社会人口的关系

家庭是社会的细胞，所以家庭的安全是社会安全的前提，家庭的健康是社会健康的基础，家庭的幸福是社会幸福的归宿。所以，人口问题既是宏观的问题，也是微观的问题。计划生育以及相关的政策措施归根结底是对家庭人口和社会人口的利益均衡。需要进一步提高家庭的抗风险能力。

生育安全是人口安全的前提，维护生育安全也是计划生育的底线伦理。中国在人本主义人口观的指导下要确立新的政策导向，即提倡"适度生育"而不是一味少生，保持一个接近更替水平的适度生育率，努力实现人口发展的安全目标与人口与资源环境、经济社会发展的和谐目标。

生育优化是人口优化的基础，中国不仅要保证一代接一代地永续发展，而且要保证一代更比一代强。生育优化不仅指生育是安全的（低风险甚至零风险），而且指生育是适度的、有保障的和有效用的。生育优化的两个重点是生育风险的最小化和生育效用的最大化。安全的生育是有保障的生育、零风险的生育。"生育安全"的关键是降低几个率，即非意愿的妊娠率（包括过早怀孕的比率）、不健康（受到病毒威胁）的性行为频率、非意愿的生育率、不安全的分娩率、孕产妇死亡率、不安全的人工流产率、孕产期并发症发生率和出生缺陷发生率。生育安全要求做到计划生育和生殖健康双赢。不安全堕胎是生育安全的主要威胁，是一个日趋重要的公众健康问题。在堕胎不违反法律的地方，它必须是安全的。青少年非意愿怀孕已成为越来越突出的问题。青少年人口的婚前性健康问题和意外怀孕之后不安全的人工流产问题需要引起全社会的关注。我国政府需要从优化生育的角度出发来增强人们的生育理性，规划人们的生育计划，减少大量存在的非意愿生育、理性不足和不负责任的生育等现象。

（6）区域内人口和区域外人口的关系

一个开放的人口比一个封闭的人口更有活力，更能解决好而不是恶化人口问题。我国需要在"全国一盘棋"的格局中使人口互通有无、调剂余缺、合理布局，促进劳动力适度和有序转移，防止城市化不足和城市化过度两种倾向，同时卸载部分人口超载地区的过剩人口，实现区域人口、资源、环境、经济、社会的协调发展。

第四章　环境社会学深入解读

环境社会学是从西方国家引进到中国本地的，西方在提出相关定义之后进行了反复的论证和相关的实践，才真正将环境社会学划入社会学的分支学科当中，虽然在西方国家很多社会学专家都已经认可了环境社会学的相关定义，但是环境社会学本身的发展也会得以不断完善。

第一节　环境社会学概述

一、环境社会学产生的背景

环境社会学在 20 世纪 70 年代出现，不是一个偶然事件，而是有其深刻的社会背景和学科发展背景。

首先，环境社会学的产生是对日趋严重的环境问题的反应。

其次，日益活跃的环境运动引起了社会学者的注意，这种环境运动在很多方面都与传统的社会运动不一样，是一种新的社会现象，为社会学者提供了新的研究对象。就其最基本的方面而言，这种运动的基础并非阶级的对立与冲突。

第三，在原有的社会学框架内，一些学者也进行了相关研究，例如：对野外娱乐休闲场所（如森林、公园和野营地等）的游客行为的研究；对资源管理与运用的研究；对环境主义的研究；对公众环境态度的研究；对人类社会之生态制约的研究，等等。

第四，环境社会学也是第二次世界大战以后社会学自身发展的产物。此外，生态学在 20 世纪 60 年代的迅速发展，也在某种程度上促进了环境社会学的产生。

二、环境社会学的发展阶段

（一）环境社会学的初创时期

1975 年，美国社会学学会设立的"环境社会学分会"正式成立。1978 年，卡顿和邓拉普在《美国社会学家》杂志第 13 卷上发表题为《环境社会学：一个新范式》的文章，产生了较为广泛的影响。在这篇文章中，卡顿和邓拉普将传统社会学所公开或不公开使用的"范式"概括为"人类例外范式"（Human Exceptionalism Paradigm，简称 HEP），通过分析他们的这种范式，我们可以得出以下几条假设：第一，人类不同于其他动物，它是独一无二的，因为它有文化；第二，文化的发展与变迁是无限的，文化的变迁相对于生物特征的变化更为迅速；第三，因此，人群的差异是由有文化的社会引起的，并非从来就有，而且这种差异可以通过社会加以改变，甚至被消除；第四，文化的积累意味着进步可以无限制继续下去，并使所有的社会问题最终可以得到解决。而这几条假设导致一种错误的观念，认为环境的负荷能力可以无限增长，显然这种想法否定了环境匮乏的可能性。

因此，卡顿和邓拉普根据人类社会对于环境系统的依存性这一前提，提出了与传统社会学所持范式相对的、能够指导环境社会学研究的一种新范式，即"新环境范式"。构成这一范式的几条基本假设为：第一，社会生活是由许多相互依存的生物群落构成的，人类只是众多物种中的一种；第二，复杂的因果关系及自然之网中的复杂反馈，常常使有目的的社会行动产生预料不到的后果；第三，世界是有限度的，因此，经济增长、社会进步以及其他社会现象，都存在自然的和生物学上的潜在限制。很明显，这种范式与传统社会学所持的范式差别很大，它强调了环境因素对于社会事实变化的作用。

（二）环境社会学的过渡时期

进入 20 世纪 80 年代，从整体上看，环境社会学开始出现停滞甚至倒退的趋势。一个明显的表现就是美国社会学学会环境社会学分会的成员迅速减少。在 20 世纪 80 年代末期以前，环境社会学处在艰难过渡时期，看不到比较明朗的前景。尽管如此，环境社会学领域的一些立场坚定者，还是坚持下来，为这门学科的发展默默地工作着。

（三）环境社会学的发展与成熟

20 世纪 80 年代末，特别是 90 年代初以来，出现了一些对于环境社会学的发展非常有利的条件。

1. 有科学证据表明，环境状况继续恶化，环境问题表现出新的特点。

（1）环境问题的规模迅速扩大，已不再是区域性的问题，如臭氧空洞、温室效应等，因此可能对更多的人发生影响。

（2）一些区域化问题，如水污染和固体废物污染等，发生的频率大大提高。人们日益认识到环境恶化具有扩散性。

（3）人们越来越意识到对产生环境问题的原因懂得太少，而且其后果难以察觉和预测，因此，当今的环境问题更具风险性和复杂性。

（4）许多问题对人类以及其他物种的健康与福利有着极为严重的影响，而且这类影响是不可逆转的。

总之，环境问题无论在发生的频率上，还是在其规模和严重程度上，都已大大提高或扩大了。20 世纪 60 年代和 70 年代早期，环境衰退通常被看成是一个审美的问题，最多是妨碍了户外活动；而现在，它从地区性问题发展为全球性问题，这种全球性环境变迁直接威胁到人类的健康。因此，环境社会学作为关注环境与社会关系的学科，再次引起人们的关注。

2. 环境运动日益高涨，并表现出新的特点。在 20 世纪 80 年代，由于对里根政府环境政策的不满，群众性的环境运动就一直在发展。1988 年夏季的气候反常，1990 年“地球日”20 周年纪念活动、1992 年里约热内卢的“世界环境与发展首脑大会”以及一些非常有影响的传媒（如《时代》杂志等）对于环境问题的频繁报道，更是促进了公众对环境问题更加关心，环境保护团体数量更多，活动更加频繁，特别是一些基于社区和种族或下层的环保运动，引起了研究者的关注。最近几年，部分地区更是出现了极端天气。

3. 随着“讨厌”环保的里根、“忽视”环保的布什执政的结束，美国政府对于环境问题的态度有所转变，特别是积极主张环保的戈尔担任副总统之后，美国政府更加重视研究和对付环境问题。这不仅使得环境社会学研究有可能得到资助，而且使人们觉得自己的研究更有意义，因为它们直接或间接地与政策有关。

4. 经过 20 世纪 70 年代的初创时期和 80 年代的过渡时期，环境社会学自身也在某种程度上走向成熟，特别是一些有影响的环境社会学家，也收敛了早期的锋芒，对传统社会学采取较为缓和的态度，这样就为学科发展创造了较好的学术环境。与此同时，主流社会学的一些有影响的人物，如吉登斯等，也越来越关注环境与社会的关系，这对环境社会学的发展无疑是一个促进。

在种种有利的条件下，环境社会学出现了广阔的发展前景，主要表现在以下几个方面：①美国社会学会环境社会学分会的会员数量开始迅速增加；②环境社会学成为相关杂志关注的焦点；③环境社会学的研究领域在原有基础上有所拓宽，一些学者开展了对草根阶层的环境团体、环境种族主义、环境正义等问题的研究。与此同时，传统上关于社会对环境问题之反应的研究得到进一步加强，如环境态度、环境政策制定、环境问题的政治经济学分析等；④环境社会学的学科建设加强。很多学者自觉地对环境社会学的一些基本概念、方法和理论基础进行展开研究。一部分学者，主要是英国学者，试图从传统社会学理论（包括从符号互动理论到马克思主义的广阔领域）中发掘资源，以建立有助于理解人类社会与环境之间关系的理论框架；另一部分学者，主要是美国学者，则试图检视环境与社会关系的概念和方法论问题。这两种研究的最终结合，无疑将有助于增进对于环境与社会关系的了解，从根本上促进环境社会学学科的发展；⑤随着全球性环境问题的凸显，世界各国都开始认真关注环境与社会的关系，这样大大促进了环境社会学的国际化进程。

三、环境社会学的研究对象及方法

（一）环境社会学的研究对象

环境社会学从研究环境与社会、环境与人类之间的关系入手，寻求环境与社会的可持续发展道路。它的研究内容十分广泛，不同的学派和个人对此也持有不同的观点，概括来看，有以下几种：

一是研究环境与社会的关系，主要是环境因素对社会系统的影响，如环境对人类的身心健康、生活方式、行为习惯和道德习俗的影响；环境与城市建设、工业布局和发展规划的关系；人居环境与社会管理、人口控制、生态平衡的关系；环境对能源及其他资源短缺的影响；全球环境变迁对人类社会的影响；社会过程对全球环境的影响等等。二是研究环境问题及其社会影响，如造成环境污染的原因、条件及环境污染对社会的危害；环境政策研究；环境管理；环境意识、行为、运动和环境犯罪；各种社会组织（如环境保护团体、工业界、政府）对环境问题的反应；环境研究的伦理标准、概念和方法等等。近年来，随着环境保护运动的日益活跃，一些社会学家对环保运动的根源、主张、运动的组织形式和策略等进行研究，开辟了环境社会学研究的新领域。总之，随着人们对环境问题严重性和复杂性的认识程度不断提高，环境社会学的研究领域也呈现不断扩大化、交叉化和纵深化的趋势，有学者提出环境社会学的研究还可以包括社会分层与环境问题、现代化文化中的国家经济综合体、风险和环境社会运动的研究、环境问题的产生及其社会影响、环境问题中的不平等现象、环境保护中的文化多样性问题等等。

（二）环境社会学的研究方法

关于环境社会学研究方法的理论和观点，目前尚未达到成熟和系统的阶段。不过，传统社会学的研究方法，如个案法、观察法、实验法、调查法等，在环境社会学的研究中一直得到广泛的应用。个案法以一个社会单位为研究对象，通常是一个社区、一个群体，有时也以个人为研究单位。以社区为研究单位的也叫社区研究法，以群体为单位的也叫群体研究法，它们都是个案研究的一种形式。个案研究是一种"田野工作"，研究者要身临其境，通过直接与研究对象的接触和观察，深入了解研究对象的特征、他们的主观世界及客观世界，以便具体地把握研究对象。这种方法对于深入了解一个社区或群体的形成、发展、现状及其特殊的文化是很有帮助的。不过这种方法只重视研究对象的特殊性，忽视它们之间的共性，费时较长。

实验法最大的优点是预设的变量少、关系明确，用来检验某种因果联系十分方便，不过它的局限性也同样明显，对实验对象和参与的变量无法做到有效地控制，以致影响实验效果的准确性。同时这种方法应用的范围比较狭窄，看似用实验方法可以取得效果的研究，常常会因法律的和道德的限制而不得不放弃。

观察法的形式是多种多样的，一种形式是把它当作单独的研究方式使用，通过一次性的或连续性的非参与观察，来记录和描述正在发生和发展着的社会现象的情形，这是观察法中最简单的一种形式。另一种形式是在个案研究法中作为一种搜集资料的手段而采用的长期参与观察。还有在日常生活中进行直接的观察。此外在各种理论指导下的实验法也必须同时使用观察法。不论哪种形式的观察，观察者都必须保持客观的态度，以避免个人主观价值的介入和干扰。使用社会调查的方法所搜集的资料具有全面性和代表性，并可运用统计的方法对大量资料进行分析找出一般规律。这种方法的优点是比较客观、全面、具体，能够比较及时和比较准确地提供社会普遍关心的必要信息，此外对一些重大理论问题和实际问题的研究，也时常采取这种方法。不过社会调查法也有明显的局限性，它强调研究对象的共性，要使用统一规范化的测量工具和方法，这就无法照顾到每一个研究单位的特殊性，无法深入具体地解释某种社会现象。

此外，运用、移植和综合其他学科的方法，利用方法论学科的成果和新技术，如系统方法，以及把其他学科的理论转化为方法论是环境社会学的研究方法在发展中呈现出的特点。

四、环境社会学的研究目的和价值

对环境问题认识的逐步深入是环境社会学产生的直接原因。农业时代是人类改造自然的开端，也是同环境问题作斗争的开端。那时人类已经能够利用自身的力量去影响和改变局部地区的自然生态系统，在创造物质财富的同时也产生了一定的环境问题，如地力下降、土地盐碱化、水土流失等，但从整体来看，人类对自然的破坏作用尚未达到造成全球环境问题的程度。

到18世纪，以牛顿力学和技术革命为先导的工业文明使一部分人认为人类能够彻底摆脱自然的束缚，成为大自然的主人。人们片面追求经济发展和技术文明的进步，而没有意识到人类同环境之间存在着协同发展的客观规律。随着工业革命的扩展，环境污染与生态破坏逐渐严重，尤其是比利时马斯河谷烟雾事件、美国多诺拉烟雾事件、伦敦烟雾事件、洛杉矶光化学烟雾事件、日本米糠油事件等20世纪中叶八大公害事件的出现，标志着环境问题已发展到了威胁人类生存与发展的程度，引起了人们的震惊与重视。这一时期，人们开始运用化学、生物学、物理学、工程技术科学的原理和方法，阐明环境污染的程度、危害和机理，探索相应的治理措施和方法。

从20世纪中叶以来处理环境问题的实践中，人们进一步认识到环境问题只靠发明一些新的治理措施、关闭一些污染源或发布一些新法令是解决不了的；环境问题的解决植根于更深层的人类改革中，它包括对经济目标、社会结构和民众意识的根本变革。也就是说，人类终于认识到，环境问题也是一个发展问题，是一个社会问题，是一个涉及人类社会文明的问题。人们必须在各个层次上去调控人类的社会行为和改变支配人类社会行为的思想。环境社会学的产生正是基于这样的思想背景和社会背景，力图重新审视环境与人类社会的关系，重新反思人类行为与支撑它的价值观念对环境的作用与影响，寻求环境与社会进步和谐发展的途径。

环境社会学的产生，标志着人类对环境问题的认识从物质技术因素扩大到人类主体自身，开始探寻人类活动、社会物质系统的发展与环境演化三者之间的统一，以求从根本上解决环境问题。

第二节　当前时代下人类面临的主要环境问题

全球环境问题主要包括全球气候变化、臭氧层破坏和损耗、生物多样性降低、土地荒漠化加剧、森林植被破坏严重和水资源危机等。

一、全球气候变化

气候变化是一个最典型的全球尺度的环境问题。气候变化问题直接涉及经济发展方式及能源利用的结构与数量，成为深刻影响 21 世纪全球发展的一个重大国际问题。在地质历史上，地球的气候发生过显著的变化。一万年前，最后一次冰河期结束，地球的气候相对稳定在当前人类习以为常的状态。地球的温度是由太阳辐射到地球表面的速率和吸热后地球将红外辐射散发到空间的速率决定的。从长期来看，地球从太阳吸收的能量必须同地球及大气层向外散发的辐射能相平衡。大气中的水蒸气、二氧化碳和其他微量气体，例如甲烷、臭氧和氟利昂等，可以使太阳的短波辐射几乎无衰减地通过，但却可以吸收地球的长波辐射。因此，这类气体有类似温室的效应，被称为"温室气体"。温室气体吸收长波辐射并再反射回地球，从而减少向外层空间的能量净排放，大气层和地球表面将变得热起来，这就是"温室效应"。大气中能产生温室效应的气体已经发现近 30 种，其中二氧化碳起重要的作用，甲烷、氟利昂和氧化亚氮也起相当重要的作用。从长期气候数据比较来看，在气温和二氧化碳之间存在显著的相关关系。目前，国际社会所讨论的气候变化问题，主要是指温室气体增加产生的气候变暖问题。

二、臭氧层破坏和损耗

20 世纪 70 年代初，一些科学家开始认识到臭氧层破坏的化学机制，并提出研究报告。80 年代中，观测数据证实氟利昂等消耗臭氧物质与南北极臭氧层的破坏存在一定关系。同时，促成国际社会积极行动，制定保护臭氧层的公约和议定书，进行了成功的国际环境保护合作，使人类有望在 21 世纪中叶逐步使遭受破坏的臭氧层得到恢复。大气中的臭氧含量仅亿分之一，但在离地面 20 km ~30 km 的平流层中，存在着臭氧层，臭氧的含量占这一高度空气总量的十万分之一。臭氧层的臭氧含量虽然极微，却具有非常强烈的吸收紫外线功能，可以吸收太阳紫外线中对生物有害的部分。由于臭氧层有效地挡住了来自太阳紫外线的侵袭，才使得地球上各种生命能够存在、繁衍和发展。1985 年，英国科学家观测到南极上空出现臭氧层空洞，并证实其同氟利昂分解产生的氯原子有直接关系，这一消息震惊全世界。

三、生物多样性降低

人类的生存离不开其他生物，地球上多种多样的植物、动物和微生物为人类提供了不可缺少的食物、纤维、木材、药物和工业原料。它们与物理环境之间相互作用形成的生态系统，调节地球上的能量流动，保证物质循环，从而影响大气构成，决定土壤性质，控制水文状况，构成人类生存和发展所依赖的生命支持系统。物种的灭绝和遗传多样性的丧失，将使生物多样性不断减少，逐渐瓦解人类生存的基础。地球上所有的生物、植物、动物和微生物及其生存环境的总和，包括遗传多样性、物种多样性、生态系统多样性、景观多样性四个层次。基因或遗传多样性是指种内基因的变化，包括同种的显著不同的种群（如水稻的不同品种）和同一种群内的遗传变异；物种多样性是指一个地区内物种的变化；生态系统多样性是指群落和生态系统的变化；景观多样性是指不同类型的景观在空间结构、功能机制和时间动态方面的多样化和变异性。现今地球上生存着 500 万种~1000 万种生物，一般来说，物种灭绝速度与物种生成的速度应是平衡的。但是，由于人类活动破坏了这种平衡，使物种灭绝速度加快。世界野生生物基金会发出警告，21 世纪鸟类每年灭绝一种，在热带雨林，每天至少灭绝一个物种。物种灭绝将对整个地球的食物供给带来威胁，同时对人类社会发展带来的损失和影响是难以预料和挽回的。

四、土地荒漠化加剧

在全球干旱和半干旱地区发生的土地"荒漠化"，不仅造成长期的农业和生态的退化，还曾引发过严重的环境灾难。20 世纪 80 年代，非洲撒哈拉地区发生的大灾荒，就是荒漠化引起的最引人注目的一次环境灾难，难民的悲惨景象震惊了全世界。荒漠化是指在干旱、半干旱和某些半湿润、湿润地区，由于气候变化和人类活动等各种因素所造成的土地退化，它使土地生物和经济生产潜力减少，甚至基本丧失。荒漠化大致有四类：一是风力作用下，出现风蚀地、粗化地表和流动沙丘为标志性形态；二是流水作用下，出现劣地和石质坡地作为标志性形态；三是物理和化学作用下，主要表现为土壤板结、细颗粒减少和土壤水分减少所造成的土壤干化和土壤有机质显著下降，结果出现土壤养分的迅速减少和土壤的盐渍化；四是工矿开发造成，主要表现为土地资源损毁和土壤严重污染，致使土地生产力严重下降甚至绝收。

五、森林植被破坏严重

森林是陆地生态的主体，在维持全球生态平衡、调节气候、保持水土和减少洪涝等自然灾害方面，都有极其重要的作用，各种林产品也有广泛的经济用途。但从全球来看，森林破坏仍然是许多发展中国家所面临的严重问题，所导致的一系列环境恶果引起人们的高度关注。热带森林有丰富的物种和巨大的调节气候功能，热带森林减少近年来一直是世界热点问题。

1. 森林减少的主要原因

（1）砍伐林木

温带森林的砍伐历史很长，在工业化过程中，欧洲、北美洲等地的温带森林有 1/3 被砍伐掉了。热带森林的大规模开发只有 30 多年的历史。欧洲国家进入非洲，美国进入中南美洲，日本进入东南亚，寻求热带林木资源。在这一期间，各发达国家进口的热带木材增长了十几倍，达到世界木材和纸浆供给量的 10% 左右。但近年来，为了保护热带森林，越来越多的国家已禁止出口原木。

（2）开垦林地

为了满足人口增长对粮食的需求，在发展中国家开垦了大量的林地，特别是农民非法烧荒耕作，刀耕火种，造成了对森林的严重破坏。据估计，热带地区半数以上的森林采伐是烧荒开垦造成的。在人口稀少时，农民在耕作一段时间后就转移到其他地方开垦，原来耕作过的林地肥力和森林都能比较快地恢复，刀耕火种尚不对森林构成多大危害。但是，随着人口增长，所开垦林地的耕作强度和持续时间都增加了，加剧了林地土壤侵蚀，严重损害了森林植被再生能力和恢复能力。

（3）采集薪柴

全世界约有一半人口用薪柴作炊事的主要燃料，每年有 1 亿多立方米的林木从热带森林中运出用做燃料。随着人口的增长，对薪柴的需求量也相应增长，采伐林木的压力越来越大。

（4）大规模放牧

为了满足美国等国对牛肉的需求，中南美洲地区，特别是南美洲亚马孙地区，砍伐和烧毁了大量森林，使之变为大规模的牧场。

（5）空气污染

在欧美等国，空气污染对森林退化也产生了显著影响。

2. 森林减少的影响和危害

（1）产生气候异常

没有森林，水从地表的蒸发量将显著增加，引起地表热平衡和对流层内热分布的变化，地面附近气温上升，降雨时空分布相应发生变化，由此会产生气候异常，造成局部地区的气候恶化，如降雨减少，风沙增加。

（2）增加二氧化碳排放

森林对调节大气中二氧化碳含量有重要作用。科学家认为，世界森林总体上每年净吸收大约 15 亿吨二氧化碳，相当于化石燃料燃烧释放的二氧化碳的 1/4。森林砍伐减少了森林吸收二氧化碳的能力，把原本储藏在生物体及周围土壤里的碳释放了出来。据联合国粮农组织估计，由于砍伐热带森林，每年向大气层释放了 15 亿吨以，上的二氧化碳。

（3）加剧水土侵蚀

大规模森林砍伐通常造成严重的水土侵蚀，加剧土地沙漠化、滑坡和泥石流等自然灾害。

（4）减少水源涵养，加剧洪涝灾害

森林破坏还从根本上降低了土壤的保水能力，加之土壤侵蚀造成的河湖淤积，导致大面积的洪水泛滥，加剧了洪涝的影响和危害。

六、水资源危机

随着全球经济迅速发展，人类对淡水资源的需求也在不断增长，对陆地水域与海洋施加越来越大的环境压力。淡水短缺、水生资源破坏和陆地水域与海洋污染已成为国际社会关注的重大环境问题。水是世界上最普遍的物质之一，这些水如果均匀分布在地球表面，地球水深将近 3000 m，其中只有 3% 是淡水，而淡水的70%又被封冻在两极及高山的冰层和冰川中，难以利用，人类可利用的淡水资源只有$2.10×10^4$ km²左右。这些资源在时空上分布不均，加上人类的不合理利用，使世界上许多地区面临严重的水资源危机。

1. 淡水污染

水污染有三个主要来源，即生活废水、工业废水和含有农业污染物的地面径流。另外，固体废物渗漏和大气污染物沉降也造成对水体的交叉污染。水体污染大大减少淡水的可供量，加剧淡水资源的短缺。从世界各国的情况来看，属于经济合作与发展组织的发达国家生活和工业污水一般得到了有效控制，但污染物泄漏和污染事故仍有发生，有时造成严重危害。另外，城市和农村地区的地面径流污染和大气污染物的沉降仍未得到有效解决。

2. 争夺淡水资源

随着对淡水需求量的不断增长，在许多干旱和半干旱地区，淡水成为决定经济发展重要的限制因素，部门之间、地区之间和国家之间争夺淡水资源的情况越来越突出。在水资源比较丰富的地区，不同功能用途之间的矛盾和冲突也越来越显著。过去，农业部门是用水增长最快的一个部门，灌溉用水往往优先保证。但是，随着工业和城市生活用水的不断增长，在干旱和半干旱地区，已经开始同农业争夺有限的水源。美国西部及一些发展中国家工业和城市较集中的地区，这种矛盾已日趋明显。

地区之间水资源利用上的矛盾往往表现为上下游之间的矛盾，不少地区由于上游用水量增加，下游淡水减少，甚至出现断流，干旱季节得不到稳定供水，导致不得不季节性减少工业生产。

七、海洋资源破坏和污染

人类活动产生的大部分废物和污染物最终都进入了海洋，海洋污染越来越严重。目前，每年都有数十亿吨的淤泥、污水、工业垃圾和化工废物等直接流入海洋，河流每年也将近百亿吨的淤泥和废物带入沿海水域。海洋污染的主要来源有城市污水、农业径流、空气污染、船舶和倾倒的垃圾等。从总体上看，海洋污染主要表现在以下几个方面：世界沿海水域大部分已遭受污染，公海则相对清洁；分布最广、影响最大的污染源是排放的污水和土地开垦及侵蚀的沉积物；污染和沿海开发对湿地、红树林、珊瑚礁和沙丘的破坏，改变了沿海生境，使动物的栖息地和繁殖地遭到破坏，威胁到许多地区鱼类和其他野生生物；船舶、钻井平台的原油和农药等有机合成物的倾倒，造成区域性污染；海洋垃圾中的塑料、废弃渔网和石油泄漏形成的焦油等对海鸟和海洋哺乳动物造成很大危害。世界不少国家和地区都对排入海洋的部分污水进行了处理，但从全球来看，有大量污水经河流直接排入海洋，造成世界许多沿海水域，特别是一些封闭和半封闭的海湾和港湾出现富营养化。过量的氮、磷等营养物造成藻类和其他水生植物的迅速生长，有可能发生由有毒藻类构成的赤潮。赤潮往往蔓延迅速，造成鱼类死亡、贝类中毒，给沿海养殖业带来毁灭性的打击。

八、酸雨

酸雨是指 pH 值小于 5.6 的雨雪或其他形式的降水。雨水被大气中存在的酸性气体污染。酸雨主要是人为地向大气中排放大量酸性物质造成的。我国的酸雨主要是因大量燃烧含硫量高的煤而形成的，多为硫酸雨，少为硝酸雨。此外，各种机动车排放的尾气也是形成酸雨的重要原因。近年来，我国一些地区已经成为酸雨多发区，酸雨污染的范围和程度已经引起人们的密切关注。

由于人类大量使用煤、石油、天然气等化石燃料，燃烧后产生的硫氧化物或氮氧化物在大气中经过复杂的化学反应，形成硫酸或硝酸气溶胶，或为云、雨、雪捕捉吸收，降到地面成为酸雨。如果形成酸性物质时没有云雨，则酸性物质会以重力沉降等形式逐渐降落在地面上，这称作干性沉降，以区别于酸雨、酸雪等湿性沉降。干性沉降物在地面遇水时复合成酸。

酸雨的危害包括以下几个方面：

（1）酸雨可导致土壤酸化。我国南方土壤本来多呈酸性，再经酸雨冲刷，加速了酸化过程，土壤中含有大量铝的氢氧化物，土壤酸化后，可加速土壤中含铝的原生和次生矿物风化而释放大量铝离子，形成植物可吸收的形态铝化合物。植物长期和过量的吸收铝，会中毒，甚至死亡。酸雨能加速土壤矿物质营养元素的流失；改变土壤结构，导致土壤贫瘠化，影响植物正常发育；酸雨还能诱发植物病虫害，使农作物大幅度减产，特别是小麦，在酸雨影响下，可减产 13%~34%。大豆、菠菜也容易受酸雨危害，导致蛋白质含量和产量下降。酸雨对森林的影响在很大程度上是通过对土壤的物理化学性质的恶化作用造成的。在酸雨的作用下，土壤中的营养元素钾、钠、钙、镁会释放出来，并随着雨水被淋溶掉。所以，长期的酸雨会使土壤中大量的营养元素流失，造成土壤中营养元素的严重不足，从而使土壤变得贫瘠。此外，酸雨能使土壤中的铝从稳定状态中释放出来，使活性铝增加而有机络合态铝减少。土壤中活性铝的增加能严重地抑制林木的生长。酸雨可抑制某些土壤微生物的繁殖，降低酶活性，土壤中的固氮菌、细菌和放线菌均会明显受到酸雨的抑制。酸雨可对森林植物产生很大危害。

（2）酸雨能使非金属建筑材料（混凝土、砂浆和灰砂砖）表面硬化水泥溶解，出现空洞和裂缝，导致强度降低，从而损坏建筑物。导致建筑材料变脏、变黑，影响城市市容质量和城市景观，被人们称之为"黑壳"效应。我国酸雨正呈蔓延之势，是继欧洲、北美之后世界第三大重酸雨区。

我国三大酸雨区分别为：

1）西南酸雨区。是仅次于华中酸雨区的降水污染严重区域；

2）华中酸雨区。目前它已成为全国酸雨污染范围最大、中心强度最高的酸雨污染区；

3）华东沿海酸雨区。它的污染强度低于华中、西南酸雨区。

目前世界上减少二氧化硫排放量的主要措施有：

（1）原煤脱硫技术，可以除去燃煤中40%～60%的无机硫。

（2）优先使用低硫燃料，如含硫较低的低硫煤和天然气等。

（3）改进燃煤技术，减少燃煤过程中二氧化硫和氮氧化物的排放量。

（4）对煤燃烧后形成的烟气在排放到大气中之前进行烟气脱硫。

（5）开发新能源，如太阳能，风能，核能，可燃冰等。

第三节　环境问题的社会影响及其应对

一、环境问题的社会影响

无论人类如何追求"万物皆为我作用"，无可否认的是，人类的生存与发展都是与环境无法分割的，我们生活在整个生态环境之中，本身就是生态链中的一环，我们的行为无时无刻不在影响着环境，而同时环境变化的点点滴滴也都将深刻地影响着我们的生活质量，甚至于我们的生存。环境对社会的影响体现在以下三个方面：

第一，环境是人类社会存在的基本条件。作为人类赖以生存、繁衍和发展所需的整个外部空间—环境，制约着人类一切经济、文化与社会活动，它对人类社会的作用有：首先，环境提供了人类生存、繁衍和发展所需要的各种自然资源，为我们的生计提供物质保障；其次，环境会对人类各种社会行为所产生的废物和多余能量进行消化和转化；最后，也是最重要的一点，环境深刻影响到人类的安全、社会关系、健康、选择及行动的自由。

第二，环境影响并制约着社会的发展。让我们来看两个问题：为什么美国在两次世界大战中都没有受到太大的伤害？因为美国的地理环境是南北无强敌、东西是天险。为什么古楼兰会消失？因为那里的环境沙漠化、河流断流。这两个例子就说明了社会的发展只能是以环境为基础，环境制约着社会的发展。

第三，环境问题与其他的社会问题是密不可分的。同样，我们还是来看两个问题：为什么中国地大物博，但是环境问题依然十分突出？因为我们的人口众多。为什么中东地区战争频发？因为那里石油资源丰富。可见，人口问题可能会引发环境问题，而环境问题也可能会引发战争等严重的社会问题。环境问题与其他社会问题之间是环环相扣、密不可分的。

二、环境问题的应对

（一）促进国际合作，制定国际性环保公约

由于气候变化正在危害人类，而且将对人类带来巨大的灾害，联合国制定了《气候变化框架公约》，并决定从 1995 年起，每年 12 月召开一次世界性的气候会议，主题就是商讨如何合作应对气候变化。这个公约于 1992 年在联合国纽约总部通过，1994 年生效。该公约没有对个别缔约方规定具体需承担的义务，也未规定实施机制。从这个意义上说，该公约缺少法律上的约束力。但是，该公约规定可在后续从属的议定书中设定强制排放限制。到目前为止，主要的议定书为《京都议定书》，后者甚至已经比公约本身更加有名。2015 年度的巴黎气候大会是继 2009 年哥本哈根气候大会后，又一重要时间节点。这次大会出台了一份新的全球气候协议，为 2020 年后全球应对气候变化的行动做出安排。因此，巴黎气候大会也是近几年来最重要的气候会议。2015 年 12 月 12 日，经过 13 天的艰苦谈判，各方终于达成一致意见，来自 196 个国家的谈判代表通过了历史性的《巴黎协定》。当晚 19 点 26 分，在延期超过 24 小时的巴黎气候变化大会最后一次全会上，大会主席、法国外长法比尤斯举起带有大会标志的绿色小锤，宣告里程碑式的《巴黎协定》诞生，全球应对气候变化进程迈出重要一步。《巴黎协定》被认为是继 1997 年《京都议定书》之后，

国际社会在应对全球气候变化方面达成的最重要的国际协议。《巴黎协定》共29条，包括目标、减缓、适应、损失损害、资金、技术、能力建设、透明度、全球盘点等内容。

2016年10月15日，在卢旺达首都基加利举行的《蒙特利尔议定书》第28次缔约方会议上，各缔约国签署了《蒙特利尔议定书》修正案，以减少强效温室气体氢氟碳化物（HF-Cs）排放。

2016年12月18日，《生物多样性公约》第十三次缔约方大会暨《卡塔赫纳生物安全议定书》第八次缔约方会议和《关于获取遗传资源和公正和公平分享其利用所产生惠益的名古屋议定书》第二次缔约方会议在墨西哥坎昆召开。大会围绕"为了人类福祉：推进生物多样性保护和可持续利用主流化"主题，讨论并通过了72项决定。

2018年5月11日，联合国大会投票通过一项决议，为制定《世界环境公约》建立框架。该决议由法国总统马克龙2017年9月提出。联合国193个成员国中，143个投了赞成票，美国、俄罗斯、叙利亚、土耳其和菲律宾5个国家反对；7个国家弃权，其中包括伊朗。

2021年11月11日至13日，世界环境公约联盟出席了巴黎和平论坛，该活动自2018年起每年举行。该论坛是一个国际平台，动员民间社会行动者对当前威胁和平的全球问题提出具体解决方案。论坛允许来自世界各地的公共和私人组织展示他们的项目，并与领导人、国际组织、专家、发展机构和其他利益攸关方进行讨论。

（二）促进环境保护产业发展

1. 国家支持环境保护科学技术研究、开发和应用

国家可以通过以下方式支持环境保护科学技术研究、技术开发与科学技术应用：一是设立基金。国家设立自然科学基金，资助基础研究和科学前沿探索，培养科学技术人才；设立科技型中小企业创新基金，资助中小企业开展技术创新；在必要时可以设立其他基金，资助科学技术进步活动。

二是依法给予税收优惠。对从事技术开发、技术转让、技术咨询、技术服务等活动的，按照国家规定享受税收优惠。

三是金融支持。国家鼓励金融机构开展知识产权质押业务，鼓励和引导金融机构在信贷等方面支持科学技术应用和高新技术产业发展，鼓励保险机构根据有关高新技术产业发展的需要开发保险品种。

四是明确利用财政性资金设立的科学技术基金项目或者科学技术计划项目所形成的相关发明专利权等，除涉及国家安全、国家利益和重大社会公共利益的之外，授权项目承担者依法取得合理利益，从而更好地调动科技人员从事科学技术研发的积极性。

五是政府采购措施。对境内公民、法人或者其他组织自主创新的产品、服务或者国家需要重点扶持的产品、服务，在性能、技术等指标能够满足政府采购需求的条件下，政府采购应当购买；首次投放市场的，政府采购应当率先购买。

六是国家培育和发展技术市场，鼓励创办从事技术评估、技术经纪等活动的中介服务机构，引导建立社会化、专业化和网络化的技术交易服务体系，推动科学技术成果的推广和应用等。

2. 国家鼓励环境保护产业发展

以我国为例，国家在环境保护产业方面，一是发展先进环境保护技术和装备，包括污水、垃圾处理，脱硫脱硝，高浓度有机废水治理，土壤修复，监测设备等，重点攻克膜生物反应器、反硝化除磷、湖泊蓝藻治理和污泥无害化处理技术装备等；二是发展环境保护产品，包括环保材料、环保药剂，重点研发和产业化示范膜材料、高性能防渗材料、脱硝催化剂、固废处理固化剂和稳定剂、持久性有机污染物替代产品等；三是发展环境保护服务，建立以资金融通和投入、工程设计和建设、设施运营和维护、技术咨询和人才培训等为主要内容的环境保护产业服务体系等。根据相关法律的规定，国家要采取财政、税收、政府采购等方面的政策和措施，鼓励和支持环境保护技术装备、资源综合利用和环境服务等环境保护产业的发展。世界各国只有在这些方面做出自己的努力，才能达到共同治理地球的目的。

（三）践行绿色发展理念，推动绿色生产

绿色发展的实现方式是通过社会组织制度的创新，建设公共服务型政府；通过构建绿色文化，提高人们的绿色素养；通过大力发展和应用具有自主知识产权的、资源节约的、环境友好的科学技术，推动绿色改革，进行绿色生产，引导绿色消费，践行绿色生活；通过城乡、区域的协调发展推进工业化、城镇化、农业现代化；通过经济的持续增长，逐步消除物质贫困和知识贫困，使人力资源优势得到充分发挥，公众参与意识显著增强，人自身得到全面发展。绿色发展的最终目标是实现经济进步、社会公平、人与自然互利共生。

绿色生产是一种能改善自然环境、适应市场规律、满足人类多样性需求的新型清洁生产方式。对生产过程，要求使用绿色原材料和绿色能源，研发并使用绿色技术，实施绿色管理；对产品，要求实行绿色包装、绿色营销、绿色物流、绿色服务和绿色消费；使产品在整个生命周期中，对自然环境和人体健康的负面影响最小、资源能源利用率最高，生产者利益、消费者利益和生态环境利益协调达到最优的生产方式。绿色生产是对传统生产方式的根本变革，是企业清洁生产的外延与拓展，是大力发展循环经济的重要手段，是实现"节能、降耗、减污、增效"的重要途径，是应对贸易壁垒的重要措施，是实现社会经济又好又快发展的重要平台。

（四）倡导绿色消费和科学健康的生活

绿色消费要求消费者的消费活动必须有利于环境保护、资源有效利用和人的整体素质提高；绿色消费的核心是崇尚自然，减少污染，追求健康与和谐，是一种适度的理性的消费；是一种资源节约型消费和环境友好型消费，它充分体现了节约、健康、环保和科学的消费理念。绿色消费是一种权益，它保障后代人的生存和当代人的安全与健康；绿色消费是一种义务，它提醒我们：环保是每个消费者的责任；绿色消费是一种良知，它表达了我们对地球母亲的孝爱之心和对万物生灵的博爱之怀；绿色消费是一种时尚，它体现着消费者的文明与教养，也标志着高品质的生活质量。绿色消费所倡导的消费观念、消费结构、消费行为和消费方式适应了绿色发展的要求。

（五）加强环保教育

要解决环境问题，就必须进行环保教育，环保教育是实现可持续发展的一项重要力量。生态环境的好坏直接关系到我们的生活质量，各国都应该吸取"先污染，后治理"的教训，把实现可持续发展作为一项国家策略。而可持续发展战略的实施中重要的一环就是环境宣传教育，加强环境科学知识宣传教育，普及环境保护知识，增强全民保护环境意识。思想决定行动，如果人人都有强烈的环保意识，污染环境的行为自然会得到有效的遏制。

第四节　环境社会学的发展展望

一、研究课题的发展

经过 20 多年的发展，环境社会学在较为广泛的领域取得了丰硕的成果，逐步形成了自己特有的研究领域和研究课题。20 世纪 70 年代，环境社会学的基本研究课题是：（1）建筑环境；（2）环保团体、工业界及政府对环境问题的反映；（3）自然灾害与灾难；（4）（环境的）社会影响评价；（5）能源及其他资源短缺的影响；（6）资源配置与环境容量。20 世纪 80 年代，环境社会学的研究课题有：环境研究的伦理标准、概念和方法；对环境问题的描述；环境污染的影响；环境立法；环境政策；环境管理；环境意识、行为、运动和环境犯罪；环境教育；环境与信息。

在未来，环境社会学的研究课题将扩展到以下方面：社会分层与环境问题；现代文化中的国家经济综合体、风险和环境社会运动的研究；全球环境变迁的后果；环境问题中的不平等现象；土著民族与开发型文明的"对立"；环境问题的国际比较研究，等等。

环境社会学总的来说是研究人类所处的环境与人类群体之间的关系的一门学问，然而因为各个国家的环境与人类的关系有着不同的特点，因此各国学者所看重和选择的研究课题也应有所不同，尤其是广大发展中国家的环境社会学研究者，更要注意从自己国家的实际出发选择有价值的课题进行研究，推动各地区环境问题的解决，从而为全球环境问题的解决作出贡献。

二、环境问题解释范式的发展

环境社会学发展到现在，在环境问题的解释范式或分析框架上主要有四种基本理论。一是顿兰普和坎顿的生态学分析框架。顿兰普与坎顿在邓肯的"生态复合体"以及帕克的"社会复合体"概念的基础上，提出了"环境的三维竞争功能"的概念。通过分析环境对人类的三种功能（提供生活空间、提供生存资源和进行废物储存与转化）、三种功能之间的冲突关系以及这些功能与关系的演变情况，解释了当代环境问题的生态根源；二解释模式将成为环境社会学的新路线。席卷全球的消费主义对物理环境有着深层的消极含义，但也似是而非地将自然保护本身转变成一种文化建构的消费者行动。消费主义一个重要的元素是关于位置和环境的提高的反思性，特别是消费者权利的要求从人类延伸到自然界，这样一来，环境就由一种不同于强调直接交换价值的方式构建起来。这种与消费相关的分析视角其关注重点由产品转为消费，将消费视作经济和自然环境网络的核心，它是一种对政治经济与社会结构主义的环境问题解释模式进行合并的全新分析框架。

以上各种分析框架和研究范式都是从不同的角度对环境社会学的核心问题——环境与人类的互动关系问题所做的有益探讨，各有其优点和局限，在环境社会学的未来发展中，它们可能会以改进了的形式或相互融合后的新形式继续发挥作用。不论哪一种环境社会学的研究范式，都是当时时代所达到的思想水平的反映，是吸取各学科研究成果和研究方法的产物。随着社会的进一步发展，环境和社会互动关系的进一步展示，以及各学科尤其是：哲学、环境科学和社会学的发展，新的环境社会学研究范式也会不断涌现。

三、环境社会学的未来发展

环境社会学在全球环境问题凸显的时代尽管有着广阔的发展前景，但其未来发展也存在一些深层次的制约。主要是两方面的制约：首先，环境社会学作为社会学的一门分支学科，其学科建设还有待加强。有人批评目前的环境社会学研究"缺乏想象力"，还处于寻求自己方位的状态。环境社会学在研究主题、研究范式和方法、学科建设的目标等根本问题上还没有形成一个相对统一的对话体系，这对其自身的学术积累、传承和学科的发展是一个制约；其次，在环境与人类社会的相互作用中，有不少问题已超出了社会学者力所能及的范围，比如化学物质、环境本身和人类健康受害本身等，单靠社会学的知识和研究成果已不能满足学科发展的需要。环境社会学的未来发展就取决于是否和在多大程度上排除这些制约因素。

第五章　组织社会学深入解读

组织社会学是研究社会组织的分类结构、运行管理、组织行为及其变迁发展的社会学分支学科。本章首先分析了组织社会学的相关基础性知识，接着探讨了基于组织社会学的大学生社团管理研究等内容。

第一节　组织社会学概述

一、组织的内涵及特点

（一）组织的内涵

人类的社会本性决定了任何一个人都要隶属于一定的组织之中，从原始社会起，人类就开始联合群体力量和集体行动来向大自然挑战，以实现个人所不能完成的各项活动，实现不同于个人目标的组织目标。只有通过人与人之间的相互协作，才能实现组织的目标，而人与人之间的协调，需要管理来维持，管理是防作劳动的产物，是随着组织的出现而产生的，二者是不可分割的。

从词性上分析，组织可以分为动词和名词。作为动词的组织，就是有目的、有系统地集合、召集与协调，如组织学生、组织观众。在此，组织行使了一种管理职能。作为名词的组织是指按照一定的宗旨目标和职责分工，基于一定的物质基础相互协作而形成的人群集合体，如工厂、学校、医院等。这是一种狭义上的组织内涵。从广义上说，组织是指由诸多要素按照一定方式相互联系起来的系统。系统论、控制论、信息论、耗散结构论和协同论等都是从不同的侧面研究有组织化的系统。

　　狭义的组织专门对人群而言，运用于社会管理之中。在管理学中，"组织"一词有两种主要的用法：第一种是指管理功能，此时"组织"与计划、指挥、协调、控制等职能相同；第二种指代"组织化"的结构，即建立起一定的管理系统的结构。在社会组织的类型划分中，从组织的规模程度进行分类，其可以分为小型组织、中型组织和大型组织；按组织的社会职能分类，其可以分为文化性组织、经济性组织和政治性组织；从组织结构上看，有直线职能结构、事业部职能结构、模拟分权结构、矩阵结构、委员会组织；按组织内部是否有正式分工关系分类，其可以分为正式组织和非正式组织。组织不论大小，其存在和发展都必须具备三个条件，即明确的目标、协作的意愿和良好的沟通。

　　第一，明确的目标。目标是指根据组织的使命而提出的组织在一定时期内所要达到的预期成果。目标是使命的具体化，是一个组织在一定的时间内奋力争取达到的、所希望的未来状况。组织目标有等级层次，各种目标的具体程度、时间幅度等都是各不相同的，它们显示了不同的抽象程度。就目标的抽象性而言，通常可以分为三类，它们分别是：宗旨、使命、目标，抽象程度由高到低。

　　（1）组织的宗旨。可视为是最基本的目标，它是由该组织运营所在的社会环境所限定的。企业的宗旨可以是为股东盈利；大学的宗旨是发展和传播知识；医院的宗旨是提供医疗保健。组织的宗旨实际上表达了组织在社会上存在的理由。

　　（2）组织的使命。抽象性处中间状态，这类目标把一些类似的组织做了最好的区分。虽然社会限定了组织的总的宗旨，管理人员还需选择最佳途径来实现它的宗旨，他们选择的途径便是组织的使命。使命表达了组织的业务是什么。由于宗旨与使命之间的区别很细微，因此，许多管理学研究者及实务管理人员并不严格区分这两者。

　　（3）组织的目标。这是组织准备如何完成使命的具体表述，所以抽象性最低。目标一般表达得较为具体，其时间幅度更明确，因此也称为一定时期的目标或具体目标。组织目标的作用具体表现在以下四个方面：其一，指明方向。目标的订立为管理者提供了协调集体行动的方向，从而有助于引导组织成员形成统一的行动。其二，激励作用。目标是一种激励组织成员的力量源泉。只有在组织成员明确了行动目标后，才能调动其潜在努力，使其尽力而为，创造最佳成绩。成员也只有在达到了目标后，才会产生成就感和满足感。其三，凝聚作用。凝聚力是使组织成为一个多成员的联合体，而不是一盘散沙的重要因素。当组织目标充分体现组织成员的共同利益，并与组织成员的个人目标保持和谐一致时，它能够极大地激发组织成员的工作热情、献身精神和创造性。其四，决策标准和考核依据。目标不仅是管理人员制定决策方案的出发点，而且是考核管理决策的制定和执行工作好坏的依据。组织制定了明确的目标，有关人员的思考和行动才有客观的准绳，而不至于凭主观意志做决定，凭主观印象做考核。

第二，协作的意愿。协作意愿是指组织成员对组织目标做出贡献的意愿。所有的组织都有某种精细的结构和协调过程，以便其中的人员能够从事他们的工作。搞好协作是一个组织完成总体目标的必要条件。

（1）从管理组织系统的严密性上看，各层次之间、部门之间、岗位之间，有着严谨的结构和密切的联系，互相制约、互相影响。这种结构的本身，要求层次之间、部门之间及岗位之间必须有良好的防作和紧密的配合，才能是组织正常的运行，各项工作同步的进行。

（2）从目标体系的完整性上看，总目标与分目标之间、分目标与分目标之间有些连锁关系，形成环环相扣的链条和网络。其中任何一环脱节，都会影响整个网络和链条，从而影响总目标的实现。

（3）从实现目标的复杂性上看，由于现代科学技术的发展，专业化、综合化程度越来越高，实现一项目标需要多个部门、多个岗位的共同努力、互相支援，不是只靠哪一个人不靠外界的帮助就能实现的。这也要求部门之间、岗位之间有很好的合作、有力的协作配合。

第三，良好的沟通。组织的共同目标和个人的协作意愿只有通过意见交流将两者联系和统一起来才具有意义和效果。通过良好沟通，能满足人们彼此交流的需要；使人们达成共识、更多的合作；降低工作的代理成本，提高办事效率；能获得有价值的信息，并使个人办事更加井井有条；使人进行清晰的思考，有效把握所做的事。

沟通是不同的行为主体，通过各种载体实现信息的双向流动，形成行为主体的感知，以达到特定目标的行为过程。在沟通的过程中，行为主体、信息载体和沟通环境都会影响沟通目标的达成。通常情况下，行为主体的状态，知识和经验结构，准备的充分性等因素会影响沟通的效果；信息载体的稳定性，识别度等因素会影响沟通的效果；沟通环境的噪音、氛围等因素也会影响沟通的效果。尤其是在管理主体和管理客体之间要实现良好的沟通，管理主体与管理客体之间的相互联系和相互作用构成了组织系统及其运动，管理主体相当于组织的施控系统，管理客体相当于组织的受控系统。组织是管理主体与管理客体依据一定规律相互结合，具有特定功能和统一目标的有序系统。在管理的过程中，管理主体领导管理客体，管理客体实现组织的目的，而管理客体对管理主体又有反作用，管理主体根据管理客体对组织目的的完成情况，从而调整管理主体的行为。它们通过这样的相互作用，形成耦合系统，从而更好地实现组织的目的。

组织要想持续存在，有效性和效率是必不可少的，组织的生命取决于它获得和维持为实现其目的所必需的个人贡献（包括力量、物资和货币等价物）的能力，这种能力可能是许多狭义的效率和非效率的复合物。在以巴纳德（Barnard）为代表的管理学家的理念中，组织效率取决于成员个人做出贡献的意愿，而意愿的持续性取决于成员个人在实现目标的过程中所获得的满足程度。于是组织效率是它能够向组织成员提供足够数量的有效诱因以维持系统均衡的能力，在不损害标准化的合作生产作业的情况下，使个人具有职业和成就的自豪感，是组织效率需要聚焦的核心问题。为此，巴纳德指出："组织效率是它能够提供足够数量的有效诱因以维持系统均衡的能力。正是这种意义上的效率，而不是物质生产率上的效率，维持着组织的生命力。"[①]

（二）组织的特点

第一，战略导向的特点。卓越的组织一般都具有如下特点：（1）顾客第一：把服务对象当作最重要的利益相关者，努力工作去满足各种需求。（2）反应快速：成功的公司对机会和问题能够以最快的速度采取对策，从而做到应变自如。（3）重点明确：最佳的组织都把重点放在它们最具竞争力的业务上，只做自己最擅长的。

第二，高层管理的特点。有效的组织通常：（1）领导有方：领导者能为员工指明未来的方向，并鼓舞大家一致追求。（2）行动至上：管理者不夸夸其谈，而是身体力行，努力解决问题。（3）强调核心价值观：高层经理决策时一贯遵循组织的核心理念，并让员工共同奉行。

第三，组织设计的特点。成功组织的结构有如下特点：（1）形式简单、

---

① ［美］巴纳德. 经理人员的职能 ［M］. 王永贵，译. 北京：机械工业出版社，2007：63.

人员精干：组织中很少有人浮于事的现象。（2）分权：目的是鼓励创新与变革。部门人数少，技术人员靠近管理人员以共同解决难题。（3）绩效测量注意财务与非财务指标（如顾客满意、创新能力等）的平衡。

第四，组织文化的特点。有效组织的文化有如下特点：（1）信任气氛：信任能使员工之间坦诚沟通，部门之间合作愉快。（2）参与：员工是质量与生产率的基石，他们常被激励参与工作的各个环节。（3）目光长远：非常关注员工的培训，经常采用多种措施增强对员工的组织承诺。

二、组织社会学的定义和研究方法

（一）组织社会学的定义

组织社会学是一门交叉学科，它主要涉及博弈论、心理学、行为学、管理学以及经济学等相关知识，由于其理论和内容复杂而广泛，尚没有形成完善的学科体系。因此，对其理论研究还处于不断地深化和扩展中，很多学者将其分为不同的学术流派，主要包括制度学派、人口学派、生命学派、生态学派、批判学派以及社会学派等。

（二）组织社会学的研究方法

1. 系统方法
用系统方法研究组织需要考虑两个方面的问题：第一，必须先观察团体成员的互动，以便界定团体的结构。第二，必须界定结构组成要素间的相互关系与依赖方式，即他们如何在一起运作，如何构成一个综合体。系统方法具备了如下几个优势：

（1）系统方法的整体性观点使人们把组织作为一个整体来考察。

（2）系统方法能把看起来不相干的概念或要素结合起来，被综合进系统之中。

（3）系统方法可以构造模型，即通过集中研究各种元素之间的关系，建立起模型图。

（4）系统方法可以使元素间的关系定量化，为研究组织之间关系等问题所需要的明确性提供了依据和可能。

2. 访问调查法
在运用访问调查对组织进行研究时，应当明确这样几点：首先是明确目的性，其次是确立调查的范围和制定详细的调查提纲。一般来说，对一个组织的研究分为三个步骤：一是进行无结构式访问，了解情况、发现问题，主要方式是同各层次的领导和员工进行交谈，掌握感性材料；二是在第一阶段基础上形成详细提纲或调查问卷、量表，进行再次访问；三是有针对性地进行实地考察和蹲点，验证假设和发现新的问题。

一般来说，组织结构和活动过程是组织社会学研究的一个重要领域，研究者在考察某个组织的结构和活动时主要考虑以下问题：（1）什么是这个组织的正式和非正式结构？（2）你所能发现的该组织文化的象征、仪式和其他特征是什么？（3）人们对自己的工作哪一方面最喜欢，哪一方面最不喜欢？（4）工作是怎样组织的？（5）决策是否是在拥有最适当的信息的那一层做出的？（6）组织中的风气和信任程度如何？（7）差别和分歧是如何解决的？（8）当改革发生时，人们是否会因为这些经过征求他们的意见而发生的改革而感动？（9）人们是否愿意在工作中尽力贡献出自己的聪明才智？组织社会学的任务就是要发现什么样的社会组织方式有利于人的发展、健康和幸福。

3. 实验法

实验是试图显示一个或多个自变量与一个或多个因变量之间的因果关系的高度受控方法。实验方法使研究者引入被认为是原因的自变量，观察其是否导致因变量的变化，并测出因变量的值，从而确立关系。

4. 观察法

观察法是搜集非语言行为数据资料的主要技术。

5. 组织研究的其他方法

（1）机械论或科层制模型

这种模型产生于古典组织理论，通常是在一种封闭或半封闭状态下考察专业分工、等级次序、责权下放、结构和有效性等等。机械论或科层制模型强调组织运行过程中的可预测性与稳定性，基本不考虑组织运行的外在环境与组织成员的基本动机和需要。

（2）人类关系或群体模型

这种模型是以组织群体之间及成员之间的作用关系为基础，对正式组织和理论上的组织很少考虑。从人际之间的相互作用产生的社会奖赏和满足，被用来解释人们为什么工作，如何努力工作以及工作效率如何等。同时还考察了组织内部的非正式群体的运行过程。

（3）个人行为模型

这种模型主要强调群体或组织中的个人行为。马斯洛和赫茨伯格等学者仔细考察过组织内个人的感受与动机，而把组织的运转过程解释为为满足个人需要所做出的个人反应的结果。

（4）技术性模型

技术性模型主要强调组织所采用的技术，以此来解释组织是如何发展和运行的。该模型的指导原则是：组织围绕着它所使用的技术而形成特定的结构形式。

（5）经济性模型

经济模型的基础是营利性组织在经济决策上的合理性问题。这一模型比较适合于营利性的经济组织，但也能够有效地解释非营利性组织，尤其是那些经历着周期性预算缩减的组织。

（6）权力模型

这种模型认为组织内部的权力的等级差别决定着组织中所发生的重要事件。它从组织内部和外部所产生的权力关系出发解释组织的资源决策和组织的总行为。在这里，权力被看作是组织对它的成员和它的环境能够施加影响和作用的能力。权力模型把组织的运行看作是权力斗争和秩序。

第二节　基于组织社会学的大学生社团管理研究

大学生社团与行政管理存在着千丝万缕的关系，是独立于高校行政部门又受行政部门影响的自我管理的组织形态。在新形势下，高校改革并发展学生社团是高校取得快速发展、实现"三自"教育的重要保障，对高校提升思想政治教学水平、构建良好的校园环境具有鲜明的现实意义。要想从实质上实现学生社团管理的改革，需要从组织社会学的角度出发，通过开放系统的研究视野，探析当前学生社团的管理机制，努力推进学生社团向正规化、形式化、组织化、联合化的方向发展，进而使学生在社团管理活动中得到正规化与组织化的成长。具体来讲，学生社团具有较强的灵活性、思想性、时代性，是学生自发、自主、自管的组织模式，高校通过整合教学资源，提升社团管理效率，实现根本性改革，将有利于学校自身的长远发展。

一、大学生社团的特征与功能

（一）大学生社团的特征

学生社团的基本特征是决定学生社团发展趋势及吸引成员的关键因素之一。通常来讲，学生社团不仅拥有高校组织的特殊性，又拥有社会社团的普遍性。首先，学生社团是立足于高校内部的组织模态，拥有社团发展的能动性与动态性，组织建立的功能性与目的性，组织活动实行的机动性与灵活性；其次，学生社团拥有社会社团的组织共性，即志愿性、自治性、非营利性、民间性与组织性等特征。

在新时代，高校的大学生社团有了新的特点，其具体表现在如下四个方面：首先，学生社团发展更加多元化，具体表现在社团规模、类别及组织成员上，社团活动逐渐丰富，形式多样；其次，社团综合化、专业化水平提升，个性化突出。我国高校对社团管理工作日渐重视，并根据社团特征与性质，引导学生社团向特色化与专业化方向发展。再次，社会化水平提升。我国大部分学生社团逐渐走出校园，结合时代特征，开展社会活动，以此将自身的专业优势与校园资源作为企业发展的驱动力，实现共同发展的目标。最后，管理规范化。在新形势下，我国高校逐渐成立学生社团管理机构，对社团实行宏观管理与调控，促使社团走向规范化、制度化的道路。

（二）大学生社团的功能

社团分类的不同，决定着社团功能的不同。虽然我国学者对学生社团的分类有诸多见解、分类标准各不相同，但社团功能却大致相同。大学生社团的文化功能主要包括教育功能、发展功能、社会功能。其中在教育功能方面，基于社团活动的自主性、行为的能动性以及目标的明确性，对学生的文明行为、道德修养、心理品质具有关键的引导作用；在社会功能方面，高校学生通过社团活动，能够获得与社会相契合的技能、知识以及行为方式，使学生在进入社会之前，实现自身与社会的协调与平衡，促进学生的社会化发展；而在发展功能层面，学生通过社团交流对合作与竞争、相互沟通、展现自我以及自我表达等社会能力有所提升，并通过社团活动推动高校的文化建设，以此增进学生对高校的凝聚力与情感。从高校教学角度出发，学生社团可以完成课外与课内的对接，把"知识内化"放在课外活动当中，实现社会与高校的有效衔接，进而将知识传授转变为服务社会的驱动力，推动企业的健康发展与学生的全面成长。具体来讲，高校通过科学合理的社团管理体系，能够将高校教育内容、文化建设以及专业教育融入社团发展中，进而推动责任感、荣誉感、进取精神、道德品质教育的发展，使学生社团成为高校教学体系的有机组成部分。

二、高校大学生社团管理的现状分析

（一）管理主体的现状

高校学生社团的参与者与组成主体是大学生，学生在学生社团管理与运作中应作为活动的执行者、管理者与策划者。然而现阶段，我国部分高校社团管理中存在学生对管理需求与管理控制不适应的现象。学生社团应该是高校学生实现自我发展、管理、教育的媒介，应是各类文化与思想得到碰撞与交流的平台。但基于社团管理中的"行政本位"问题，学生社团的官僚化、政治化趋向日渐严重，继续延续着高校传统的"监管式"管理体系。造成部分学生社团灵活性与自由度不足，成员个性遭受抹杀，社团活动参与度不佳，致使学生社团成为高校开展学生管理工作的工具，违背了社团的成立初衷。具体来讲，社团管理问题的主要表现为：首先，社团任务与内容由高校团委指定。作为社团管理主体的团委在社团发展中依旧存在对社团活动与社团发展认知缺位的问题，在管理活动中，有"包得太多、统得太死"的问题，进而挫伤学生社团的自主性，打消学生参与活动的积极性；其次，在社团活动上，亲力亲为，忽视学生的主体作用，导致学生无权决策，盲目服从，难以体现社团活动的宗旨与价值。再次，管理条例过于严苛，现阶段我国部分高校相继制定了《社团管理规定》《学生社团规范》等法规性文件。但缺乏管理实践，难以从学生发展的角度规范社团活动的各项工作，而至于如何推动社团发展，怎样依法保障社团的基本权益，如何界定社团在高校管理中的地位，则缺乏具体性的考虑。最后，在社团评价层面上，主要以管为主，过分强调约束性与纪律性。学生社团的评价工作往往通过年度考核形式，来审查社团活动频率是否遵循各项规章制度，以致学生社团缺乏充足的积极性。

（二）社会资源的现状

学生社团硬实力的高低与资源占有率存在直接的关系。具体反映在教育资源的配置上，学生社团所占有的教学资源不足并且能力有限，致使社团活动与管理资金匮乏。进而造成学生活动经费与场地的严重不足，难以从实质上满足社会活动的根本需求。现阶段，我国学生社团的管理经费与活动经费主要来源于自身创收、社团会费、社会赞助以及学校拨款。其中社团会费、社会赞助、学校拨款是学生社团活动经费的重要获取渠道，而经费不足将极大地制约着学生社团的发展与成长。当前阶段，我国高校的教育资金难以满足所有学生社团的活动支出，致使部分社团由于资金及资源的缺乏，面临着生存的困境。在此背景下，学生社团通常借助全体成员筹集经费的方式，维持自身的正常运作。然而这种资金获取方式却俨然加重了学生的生活负担。为此，部分社团通过企业合作的模式，以赞助宣传的方式获取发展资金，以此确保学生社团的健康发展。然而此种行径将致使学生社团沦为企业宣传的平台，使社团活动出现商业色彩浓重的问题。在社团活动场地方面，我国大部分学生社团没有固定的场所，致使社团活动呈现不稳定、不确定等特征，部分社团在活动策划后，由于缺乏场地，导致社团活动停止。所以，社团的场地保障与资金保障是学生社团取得生存与发展的关键要求。

（三）学生能力的现状

在学生能力方面，学生社团通常缺乏具备组织协调与活动领导能力的人才。通常来讲，优秀的社团管理者与领导者在社团活动开展中发挥着难以替代的作用。然而现阶段，我国诸多社团的"衔接工作"缺乏一定的规范化与实效化，有关活动档案与社团资料的留存以及管理经验承袭等工作，难以得到有效的落实。部分社团管理者对学生社团缺乏充足的责任心与使命感，社团活动缺乏热情、凝聚力较低。而部分管理者过于重视自身的业绩，忽视对社团成员的培养，一旦社团管理者离任，社团管理工作便一蹶不振。与此同时，还存在只招收团员、不开展活动的社团，在某种意义上，只是管理者增加自身业绩的工具。此外，也有些社团只凭成员的热情来维持社团的运作，缺乏相应的社团文化与约束制度；学生社团缺乏基本的管理者，是制约社团发展的主要因素。然而，在社团管理层面，我国高校指导教师没有发挥应有的指导作用，是其主要的客观原因。当前阶段，我国高校教师参与学生社团的积极性普遍不高。专业教师凭借自身的教学优势，能够在社团人力资源管理中发挥积极的推进作用，不仅能够在学术上、物质上提供帮助，更能在知识上、管理上、发展上提供支持。然而，由于我国高校对学生社团缺乏深刻的认识，导致在专业教师的委派上，存在认识不到位、管理不具体、教师缺乏制度性保障等问题。

三、推动大学生社团管理发展的组织社会学策略

（一）树立正确管理意识

学生社团的发展、运作及存在取决于活动的组织创新与内容创新，需要提升创新意识。在新时代背景下，高校为迎接科技发展所带来的挑战，需要坚持创新、努力创新，将创新融合到高校各项行政管理工作、教学研究工作以及学生管理工作中。因此，在学生社团发展过程中，社团能否取得显著的发展，能否提升高校的教学水平与管理水平，取决于社团活动内容与组织形式的创新。诚然，创新是推动社团健康发展的持续动力，但依旧需要正确的理论思想作为指导，以此发挥高校在学生社团管理中的教育功能。因此，高校要确立以人本为主的教育思想，提升立德育人的教育观念，加强对社团在育人体系中的地位认识，合理引导并管理社团建设工作，确保社团活动的有序开展。首先，根据社团的特征与类别，探寻不同的管理手段，譬如在艺术类社团管理中，高校应委派专业教师提升社团的专业水准，以校企合作的方式，拓展社团活动范畴。其次，明确学生的主体地位，重视学生个体发展，在社团管理中，充分赋予学生一定的决策权与执行权，使社团活动得到充分开展。即以思想引导为主，以制度约束为辅，提升学生社团的组织活力与学生成员的积极性。

（二）构建社团管理体系

现阶段，我国高校社团管理工作主要以团委为主体，以专业指导为辅，存在着各自为政的管理问题。因此，在组织社会学语境下，高校应构建出科学合理的社团管理体系，从社团建立到活动开展、再到社团维持，实现系统化、整体化、规范化的社团管理机制。

首先，在社团成立方面。高校应根据社团的特征，对新成立的社团进行登记，逐渐形成分层化管理的目标。譬如体育娱乐类、科学研究类、艺术探讨类、社会服务类、专业学习类，并根据不同类别社团的成立需求，确定教育资源分配比例及专业教师指导力度。其次，制定社团制度。高校应根据不同社团的特征与性质，制定相应的社团制度，以此使学生社团更加规范化、系统化、正规化，进而在学校规章制度的影响下，优化学生社团的组织模式与发展体系。再次，制定能力培养体系。高校团委应将学生发展作为工作的重点，通过

专业教师引领，培养社团干部组织能力、管理能力以及协调能力。并根据社团成员的"交替"情况，促使专业教师制定完善的社团资料交接体系以及社团管理经验传授机制，提前培养下一任的管理者，使其在活动中获得丰富的管理经验。最后，资源扶持。在科学完善的社团管理体系下，高校可统筹不同社团活动的开展时间，并根据社团活动的开展需求，对各学生社团进行统一安排及引导，最大限度地解决学生场地不足的问题。而在社团经费层面，团委应引导学生社团参与社会活动，以专业优势、资源优势为企业提供服务，即将社团活动植根于企业发展的全过程，使学生真正实现学校与社会的衔接，提升自身的实践能力，获得充足的社团活动经费。譬如美术类社团参与广告设计活动等。

（三）构建教育渗透机制

在规范学生社团管理工作中，高校应将学生社团作为专业教育的主要平台，将价值观教育、思想道德教育、专业文化教育渗透到社团活动的各环节当中。首先，加强思想政治教育。高校团委应将思想政治教育渗透到社团文化建设与规章制度制定中，使核心价值观教育与主流意识形态教育充分融入学生的社团活动中，发挥思想政治教育在学生社团管理中的正面作用。其次，增强专业教育。高校团委要在艺术类、学术类、学习类以及职业拓展类社团中，渗透专业教育内容及经验。与课堂教育不同，学生社团中的专业教育要以社团发展为主，以社团遇到的实际问题为主，如果专业教师不能结合社团的需求而开展相应的专业指导工作，势必将削弱专业教育的实效性，降低高校社团活动的开展力度。所以，专业教师必须以实践问题为根基，借助形象生动的实践教学方式，加深学生对专业知识的认识与理解。最后，加强情感教育。情感教育是维系学生社团与高校管理的重要纽带，专业教师要在学生指导工作中，尊重学生的选择、学生的思想以及学生在社团中的地位，构建出浓厚的组织氛围，提升社团的凝聚力与归属感，进而使学生真正明确个体的发展方向，实现"跨越式"发展。

（四）积极探索，推行大学生社团导师制

社团导师是近年大学生社团管理工作的创新，目前在高校中开始实践不多，处于实验阶段。社团导师就是指导大学生社团开展工作的教师，其主要职责包括：深入大学生社团了解社团成员思想、学习、生活状况，有针对性地做好思想政治工作，引导学生成长成才；指导社团制定每学期的工作计划，确定工作重点；参加大学生社团大会，指导社团重大活动，提出存在的问题，并帮助改进等。高校的团委可以积极探索思想政治工作进社团的新途径和新方法，在广泛征求意见的基础上推出社团导师制。

第六章　发展社会学深入解读

发展社会学的研究主旨在于探讨不发达国家"不发达"的原因，并寻求促进这些国家经济与社会发展的有效途径。本章主要论述了发展社会学的基本知识、发展社会学的基本理论、现代化进程中的社会问题研究、基于发展社会学的市场化服务研究等内容。

第一节　发展社会学概述

一、发展社会学的研究对象

《中国大百科全书》中的"发展社会学"词条把发展社会学定义为："研究发展中国家的现代化和社会发展的社会学分支学科。"[1]

狭义的发展社会学是以相对落后的发展中国家的社会、文化以及经济和政治的发展问题为研究对象，主要探讨发展中国家现代化发展的理论、模式、战略、方针、过程和途径等。[2] 由此，确定了发展社会学研究对象的时空性。从时间上看，它主要研究 18 世纪中期以后的社会发展历程，也就是从传统的农业社会向工业社会转型的特定历史阶段，亦即现代化过程。从空间上看，"第三世界""发展中国家""欠发达国家""新兴的民族国家"都是发展社会学

---

① 中国大百科全书总编辑委员会. 中国大百科全书·社会学卷 [M]. 北京：中国大百科金书出版社，1991：49.

② 庞元正，丁冬元. 当代西方社会发展理论新词典 [M]. 长春：吉林人民出版社 2001：86.

研究的具体对象。

胡格韦尔特（Hugwert）的《发展中社会的社会学》将社会学的研究对象明确定位于发展中社会的变迁。然而，从内容看包含了帕森斯所细分的原始阶段、原始后期和古代阶段、中间阶段、温床社会和现代社会等五个阶段，涉及发展中国家内部的和外部的经济、社会、政治、文化等多方面的因素和互动作用。①

广义的发展社会学是从全球背景上研究包括发展中国家和发达国家在内的人类社会变迁和发展的一般规律。1995 年上海版的《发展社会学》前言中写道："如果说，社会学是研究社会发展和职能规律的一门学科，那么发展社会学研究的主要对象是发展中国家的社会变迁过程。广而言之，发展社会学还包括对世界历史上的工业化和城市化等社会变迁一般规律的研究。发展社会学的研究范围，往往涉及发展经济学和发展政治学的领域，不过发展社会学主要是从社会整体角度来研究社会不同组成部分之间的关系及对社会发展的影响"。②

《国外发展理论研究》的序言中也写道："随着世界一体化发展的加速，今天任何国家、任何民族都不可能隔离于国际环境之外，孤立地自我发展，无论自觉与否，发展问题都是全球共同的问题。在当今全球发展的格局中，虽然发达国家和发展中国家在发展内容和水平上呈现着显著的阶段性差异，对于发达国家来说，主要回答工业化实现以后社会生活中出现的种种新情况和向后工业社会、信息社会发展的问题，而发展中国家，从不同地区不同国度看，又呈现出多梯度的差序格局。总体上看，当务之急仍是发展经济，实现工业化，推进现代化的问题。而这两方面的任务又是相互关联的，是发达国家和发展中国家的共同任务。"③

因此，发展社会学的研究主题是社会变迁，它从一开始，就不局限于某个专门领域，而是与发展经济学、发展政治学相重合，必然涉及所有的社会因素，这种界限的模糊性正是这门学科的特点。因此，发展社会学的研究超越了发展中国家发展的时空阈限，是一个涵盖社会、经济、文化、心理、政治在内的庞大体系。

具体而言，发展社会学的主要内容有：

第一，发展社会学的基本理论问题，如发展社会学的研究对象、理论基

① 胡格韦尔特. 发展社会学 [M]. 成都：四川人民出版社，1987：29.
② 王义祥. 发展社会学概论 [M]. 上海：华东师范大学出版社，1995：3.
③ 张琢. 国外发展理论研究·序 [M]. 北京：人民出版社，1992：1.

础、研究方法和现实意义等。

第二，从社会层面探讨发展的基本内容，如社会分化与整合、经济发展与社会发展的关系、政治发展与社会发展的关系、文化发展与社会发展的关系等。

第三，发展的动态研究，如现代化进程、城市化趋势、发展模式、发展战略等。

第四，发展理论与社会发展，如社会发展的主体、社会发展的根源、发展的方向与速度及衡量标准、发展的类型等。

二、发展社会学的主要功能

发展社会学具有理论和现实两个方面的功能。

从理论方面看，发展社会学的功能主要表现在：

第一，有助于人们清晰地认识与把握现代化这一当代社会最为重要的社会变迁现象。现代化，就其广度上说，是世界性的，并不是仅仅局限于某一个国家、某一个地区；就其深度上说，它已经引起了整个世界的深刻变革，这种变革程度之激烈、影响之深刻，都是历史上少见的。在整个人类历史上，能够同今天的现代化相提并论的社会变革只有两次，一次是人类的诞生，另一次则是文明的出现。而我们今天正在经历的，则是人类历史上第三次最伟大的社会变革。通过发展社会学的学习和研究，我们可以比较清楚地了解与把握整个社会发展的必然趋势——现代化。不仅如此，通过发展社会学的学习与研究，我们还可以比较全面地了解现代化尤其是社会层面现代化的基本内容，如发达的经济、社会分化与社会整合、城市化、世俗化、知识化等等。

第二，有助于确立起社会发展与现代化的合理模式。从发展社会学那里我们可以看到，一个社会的发展与现代化就其宗旨来说应当是以人为本位的发展，而不应当是以经济为本位的发展；就其基本内容来说应当是全面的即整体化的发展，而不应当是某一个或某几个方面的片面发展。这些道理虽然简单，但毕竟是在经历了发展与现代化二百多年的历程之后才形成的经验和教训，是在确立合理的发展与现代化模式时所应必须汲取的。虽然不能说注意到了这些道理就一定能够形成合理的发展与现代化模式，但是毫无疑问，如果违背了这些道理，那么就必定形成不了合理的发展与现代化模式。

第三，有助于丰富社会学的学科体系。一般来说，社会学的学科体系是由社会学的一般理论、社会研究方法以及分支社会学这三个部分构成的。相对来说，社会学的理论与方法为分支社会学提供必要的框架和研究工具，而分支社会学则为前二者提供必要的现实或是理论方面的养料和更为具体的知识，使之保持着一种不断更新与发展的势头。发展社会学是一门非常重要的分支社会学，它可以直接丰富社会学的基本理论。比如，发展社会学有关社会分化与社会整合的内容、有关城市化的内容、有关世俗化的内容以及有关社会公正的内容可以直接丰富社会学的基本理论。因此，从一定意义上讲，发展社会学的深入发展，能够直接推动社会学学科体系的发展与完善。

从现实方面看，发展社会学的主要功能在于：

第一，有助于制定科学、合理、有效的发展战略。发展理论与发展战略是发展研究中两个不可忽视的有机组成部分，两者缺一不可。发展理论侧重于发展的基本内容、发展的基本规律以及发展模式等一系列根本性问题的研究，而发展战略则是侧重于发展的具体目标、发展的具体途径以及发展的操作性方案等问题的设计。但是，在一个比较长的时期里，中国的发展研究偏重于发展战略的设计，而忽略了发展理论的研究。这样做的结果往往是发展战略的频繁改换：今天一个战略，没隔多久又出现一个新的发展战略取而代之；今天进行一个"预测"，并据此制定长期的目标，很快又进行了新的"预测"并据此设计了新的长期目标。新战略并不是相互衔接与补充，而只是简单的相互代替。战略的不断更替，意味着人们的建设活动在不断地被浪费，意味着现代化进程在不断地变形走样。不是基于发展理论基础之上形成的发展战略，必定是短期的，而缺乏持久稳定性；必定会导致发展进程的摇摆不定，甚至出现走弯路的情形。可见，发展战略的制定必须以发展理论为基础。而发展社会学又是发展理论的一个极为重要的有机组成部分，因此，充分的汲取发展社会学的研究成果，有助于制定科学、合理、有效的发展战略。

第二，有助于建立发展尤其是社会发展的具体指标体系。发展指标是衡量发展进程、制定发展规划的数量特征。人们可以通过发展指标体系，对于发展进程进行描述、评价、解释和监测；可以通过发展指标体系，制定合理、科学的发展规划。一个社会的发展与现代化程度越高，那么它对于制定发展指标体系的要求就越加详细。但是，发展指标体系不可能凭空出现，它的建立需要有一定的依据。而发展社会学的相关研究成果正是建立发展指标体系的重要依据。如，发展社会学所关注的现代化的基本内容是在建立发展指标体系时所必须参照的重要根据。

第二节　发展社会学的基本理论

一、现代化理论

现代化理论产生于 20 世纪 50 年代末 60 年代初的美国。二战以后，在世界范围内出现三大事件：资本主义与社会主义两大阵营开始形成，并相互对立；共产主义运动风起云涌；亚非拉第三世界国家纷纷摆脱殖民统治，作为新兴的民族国家诞生。美国当时已成为世界超级大国，美国的政治家们鼓励社会科学工作者研究如何使第三世界的民族国家实现从落后的传统社会向先进的现代社会转变，是出于两点考虑：一是促使落后国家的经济发展与政治稳定，防止这些国家投向社会主义阵营，压制世界范围的共产主义运动；二是将落后国家纳入世界资本主义体系，满足发达国家在全球范围内实现经济扩张的要求。现代化理论并非一个统一的理论体系，而是一个基于某种基本观点的理论流派，传统社会与现代社会的对立与转化是其分析的基本出发点。

（一）理论基础

现代化理论的理论基础是进化理论与结构功能主义理论。由于进化论解释了 19 世纪欧洲从传统社会向现代社会的转变，因此，许多现代化研究者认为进化论也能用来指导第三世界国家的现代化；同时由于受帕森斯结构功能分析方法的影响，许多现代化研究者的研究都打上了结构功能主义的烙印。

（二）基本观点

现代化理论的研究主题主要有两个：一是对不发达国家实现现代化发展所必需的社会条件进行研究；二是对影响不发达国家实现现代化发展的制约因素进行研究。研究的社会条件与制约因素主要集中在制度、文化以及心理等非经济领域。围绕着两大主题，现代化理论形成了三大主要学派。

1. 结构制度学派

它主要研究社会结构或社会制度与社会发展之间的关系：社会结构与社会制度是社会发展的必备条件；社会发展影响社会结构和社会制度的变迁。

2. 文化学派

它主要研究文化或社会价值观念与社会发展之间的关系；文化与社会价值观念对社会发展的影响；社会发展反过来引起文化与社会价值观念的变迁。这个学派继承了韦伯（Weber）在《新教伦理与资本主义精神》一书中的思想。

3. 人格学派

它主要研究社会成员的心理、成就欲望以及人格特征与社会发展之间的关系：社会成员的心理、成就欲望以及人格特征是社会发展的导因；社会发展影响社会成员人格的变迁。

上述三个学派具有以下共同点：（1）坚持传统与现代的极端二分法，认为社会发展就是传统社会向现代社会过渡的过程。（2）在对第三世界国家的发展问题进行分析时：①从发展阶段上看，认为这些国家都处于传统社会阶段，必须突破传统社会与现代社会之间的某个"临界点"，才能启动向现代社会的转型；②从发展原因上看，认为这些国家之所以未能实现现代化，是由于其社会内部的传统性使社会缺乏进步的动力；③从发展途径上看，认为这些国家要实现现代化，就必须西方化或者照搬西方的发展模式。

二、依附理论

如果说现代化理论是欧美发展研究的观点，那么依附理论则是第三世界国家发展研究的心声，是来自边缘的声音。依附理论兴起于20世纪60年代的拉丁美洲。

（一）理论基础

依附理论有两大理论基础：其一是马克思主义理论，特别是马克思关于资本剥削与资本扩张的理论以及列宁关于帝国主义与殖民地的理论；其二是某些发展经济学家的观点，如米多·缪尔达尔（Mido Murdar）的"循环因果累积论"以及劳尔·普雷维什（Raul Prebisch）的"中心与外围理论"。

（二）基本观点

依附论的基本观点是：在世界体系中，发达国家对不发达国家的影响，不可能使这些国家的经济取得发展，也不可能使这些国家实现现代化。相反，与发达国家的不平等贸易，只能使穷国发展缓慢甚至停滞不前，最终陷入贫困和依附强国的境地。

经典依附理论一般可以分为两个主要流派：（1）以塞尔索·福塔多（Celso Fortado）与奥斯瓦尔多（Oswaldo）、桑克尔（Sanker）为代表的改革派，起源于拉美经济委员会的内部，认为拉美国家在现有政治框架的基础上，进行一系列的社会改革，就能促进经济发展与社会进步。（2）以安德莱·弗兰克（Andre Frank）与特奥多尼奥·桑多斯（Teodonio Santos）为代表的革命派，认为在拉美国家发展资本主义，最终只能成为发达国家的附庸，必须进行社会主义革命才能实现边缘地区的发展。

三、世界体系理论

20世纪70年代中期，现代化理论与依附理论之间的争论开始平息，在讨论第三世界国家的发展问题时，学派之间的讨论趋于理性化，意识形态的色彩明显减弱。一批发展学研究者在观察世界经济活动中发现：（1）20世纪70年代，东亚的日本韩国、新加坡等国家的经济以惊人的速度增长，甚至超过了同一时期西方发达国家的发展速度，而且这些国家在经济增长的同时促进了社会的全面进步，而现代化理论和依附理论都不能很好地解释东亚的经济奇迹；（2）同时期，美国却出现资本主义危机，通货膨胀与经济停滞并存，贸易鸿沟不断扩大，贸易保护主义抬头，政府财政赤字迅速增加，这标志着美国在世界经济体系中的霸主地位开始动摇。为了重新审视世界经济体系中出现的新问题，世界体系理论应运而生。1974年美国社会学家I.沃勒斯坦（I. Wallerstein）在《现代世界体系》一书中首先提出这个理论。这一理论被誉为"抓住了新一代社会学家的想象力"。[①]

（一）理论基础

世界体系理论的形成与发展受多种理论的影响，主要有依附理论、结构主义理论以及法国年鉴学派的方法论。

依附理论是世界体系论最重要的理论来源，其基本概念和分析框架都被世界体系论所借鉴，如核心与边陲的划分、不平等交换、依附的结构、核心对边陲的掠夺、核心国家与边陲国家的政治与经济联系等基本观点，都被世界体系论所包容。世界体系理论的产生也受到当时在北美社会学界兴起的结构主义学派的影响，结构主义认为：任何事物或现象都是由各种要素构成；这些要素之

---

① 陈学明. 20世纪西方马克思主义哲学历程［M］. 天津：天津人民出版社，2013：345.

间的关系，而不是要素本身，决定了事物的性质和特征；结构一旦形成就具有稳定性，不会轻易发生改变。这在世界体系论中进一步体现为结构决定论。

世界体系理论还受到法国年鉴学派历史分析方法的影响，法国年鉴学派受系统论的启发，重视"总"的历史、"全球"的历史以及长期趋势的分析方法，这在世界体系论中，体现为世界体系的形成历史以及演变规律。

（二）基本观点

世界体系论最主要的观点是：必须把世界经济作为一个整体来研究，它的分析单位是"世界体系"，而不是个别孤立的国家。以国家或民族为分析单位的研究框架，容易陷入"内因论"或"外因论"的陷阱，轻易地将地区性的发展经验概括成一般模式，推论到所有国家；而事实上，各个国家的变迁与发展并非是以某种抽象模式为指导，而是受到一个特定系统的影响。也就是说，世界体系作为一个整体，能在时间与空间维度上不断进行整体性的发展与变迁，从而决定单个国家的兴起或衰败。

第三节　现代化进程中的社会问题研究

一、社会问题一般理论分析

（一）社会问题的含义

所谓社会问题，就是指因社会性原因引起，造成了社会性后果，被社会所认可和认识，并且需要动用社会性力量来解决的问题。在这一定义中，我们须注意以下几个要点：

第一，社会问题首先是各种由社会性原因所引起的客观存在的社会现象。这些社会性原因如社会结构存在缺陷、社会变迁、文化失调、整合错位等，由这些社会性原因引起而客观发生了某一事实，而不是存在于人们头脑中的假想和臆测。

第二，客观发生的这一事实对社会上大多数人的社会生活和整个社会的良性运行产生了危害。这也就是说，社会问题是公众问题，而不是简单的个人烦恼。三四个人酗酒不是社会问题，但一个国家或一个城市中百分之三四的人酗酒就会造成严重的社会后果，就会构成为一个社会问题。

第三，作为社会问题的社会现象引起了大多数人的注意并且被社会认定为社会问题。某一社会现象仅仅大量地客观存在，且造成了社会性后果，但是若没有引起社会的注意并且被认可和认定为社会问题，那么它便不能被"问题化"，即社会问题有其主观性和建构性。

第四，社会问题的消除与解决也不是个人或少数人的事，只有通过动用社会力量才能有效地得以改善或治理。社会问题是由社会性原因引起，其后果也是社会性的，因而通过个人或少数人的努力是无法解决的，需要社会动员各种力量参与其中，才能产生理想的效果。

（二）社会问题的特征

一般而言，社会问题的特征表现为：客观性与主观性、普遍性与差异性、复杂性与周期性等等。

1. 客观性与主观性

首先，社会问题必然以一定的客观存在的社会现象与社会事实作基础，即社会问题具有客观性。若没有这种客观现象与事实的存在，社会问题便无从确认。当然，有一些社会问题是隐性的，以潜在的方式存在于社会生活中，尽管一时还未被人们觉察和认识，但它依然客观地存在着，并对社会生活产生着或隐或现的影响。随着时间的推移，这些隐性社会问题会逐渐显现化，最终也必将为人们认识和接受。

另一方面，一种社会现象之所以成为社会问题包含着一个主观认定的过程，即一种危害社会生活的现象引起人们的注意，并由具有一定的社会心理和价值判断准则的人们认可、认定为社会问题。在此过程中，包含着相当浓厚的主观意识成分，不同社会心理和价值判断的人对同一社会现象所作出的反应也不尽相同，这也就是为什么同一种现象在某一社会中被认为是社会问题而在另一社会中却不被认为是社会问题的原因。

2. 普遍性与差异性

社会问题的普遍性是指社会问题在时间上的持久性和空间上的广泛性，即社会问题是无时不有、无所不在的。无论在哪个社会、哪个国家或地区或者是某一社会、国家或地区中的哪个领域，都会存在着这样或那样的社会问题，而不管这个社会、国家或地区是传统的也或是现代的，是发达的也或是欠发达的。而且，从人类社会诞生至今，社会问题便一直伴随着社会的运行与发展，每一社会历史发展阶段都会产生各种各样的社会问题。中华人民共和国刚刚成立的时候，由于对社会问题普遍性的错误认识，即认为社会主义社会没有社会问题，社会问题仅存在于资本主义社会中，导致我国忽视了对于社会问题的研究和治理，其教训是相当深刻的。

社会问题的差异性表现为社会问题在不同的社会制度下、不同的文化背景里、不同的社会历史时期中，都会有其不尽相同的表现形式、产生根源和性质。在不同的社会制度下，社会问题的表现形式和性质可能不相同，或尽管表现形式有相同之处，但其产生的根源可能又不相同，带有明显的阶级烙印。在不同的文化背景里，人们的风俗、规范及道德准则有较大的差异，从而导致人们对社会问题的认定和界定的标准也呈现出很大的差别。在不同的社会历史时期中，总会产生其特定的社会问题，即一定的社会问题，是特定历史条件下的产物，尽管某些社会问题在不同历史时期中都会存在，但其具体状况及对社会的影响程度存在着差异。

3. 复杂性与周期性

社会问题是一种非常复杂的社会现象，不仅其产生原因是复杂多样的，其表现形式、社会后果、解决方法也同样是复杂的。同时，社会问题的复杂性还表现在一个社会问题往往与别的社会问题相互联系，甚至互为因果关系，具有连锁性。而且，在一定的社会条件下社会问题还会发生变异，其表现形式、性质及影响的深度和广度都会发生转化，从而使得社会问题异常复杂，既难于认识和把握，又难于消除和解决。

社会问题的周期性源于社会冲突的永恒性。社会冲突虽然会对社会运行产生阻碍作用，但它同时也是一种社会运行动力，我们可以调解社会冲突，但却无法完全消除社会冲突。一定的社会冲突经过调解而缓和下来，但在一定条件下又可能再次表现出来，当社会冲突激烈到一定程度时，就表现为社会问题。因而，社会问题有其潜伏期，同时也有其周期性，随着社会冲突的缓和或激烈而潜伏或凸现。

二、我国社会转型过程中社会问题的治理

（一）正确对待当前的社会问题

中华人民共和国成立以来，特别是改革开放以来，我国在治理各种社会问题。上采取了一系列有力的政策和措施，切实解决了一些长期困扰人民社会生活的严重的社会问题。如贫困问题、温饱问题、消费品匮乏问题等等。但是，改革以后由于各种原因又出现了大量的新问题，而且很多问题未能得到有效的解决，这是否意味着我们没有能力来治理解决这些社会问题呢？我们到底该如何科学地认识和对待当前中国的社会问题呢？

第一，就总体而言，当前我国的社会结构是合理的、稳定的，我们的社会风气是好的、健康的。尽管我们说在社会转型中社会结构变动异常活跃、动荡不定，新旧体制存在着矛盾和冲突，但是我国作为一个社会主义国家，以生产资料公有制为基础的社会结构仍然从根本上决定了在我国社会中人与人之间的相互关系是平等的、和谐的，在人民内部并不存在根本的利益冲突。尽管伴随着外来文化的进入，多元汇流的跨文化交流使社会生活中的价值观发生了很大的变化，但是社会主义的道德规范仍然占据主导地位并作为全社会统一的行为规范为大多数社会成员所接受和遵循，因而我们的社会风气从主流上讲还是好的、健康的。

第二，社会主义制度为减少和根除各种社会问题或丑恶现象提供了各种有利条件。首先是社会主义的法制体系已基本完善，也即正式社会控制体系已基本建立。改革开放以来的1979—1989年，全国人大及其常务委员会制定了60余部法律，通过了58个有关法律问题决定，国务院制定了500多部行政性法规，各省、市自治区、直辖市也制定了近900部地方性法规。而且，各项法律、法规涉及社会生活中的方方面面，有效地保证了在国家的政治生活、经济生活、社会生活的基本方面都有法可依，加之执法和司法系统的完善，从而强有力地控制着社会成员的行为，减少和杜绝了一些社会问题的产生和发展。其次是我们形成了一套独特的、行之有效的治理社会问题的非正式控制体系。例如社会治安综合治理、人民调解制度，都在综合治理和缓解社会问题，防止民间纠纷激化，预防和减少犯罪，维护社会治安和稳定社会秩序，创造稳定的社会环境等方面做出了卓有成效的贡献。再次，社会主义本身的性质也决定我们的社会是禁止各种丑恶社会现象的，如卖淫、嫖娼、吸毒、赌博等，这些丑恶现象遭到广大社会成员的唾弃和谴责，是社会道德风尚和社会舆论所不允许发生的行为方式，这也有利于类似的社会问题的缓解和消除。

第三，我国当前的许多社会问题是社会转型的代价，有一些问题是现阶段所不可避免和无法解决的。我国当前社会生活中的许多社会问题是由于社会转型所致，具有转型性和变迁性的特点，也即是说许多社会问题是特定历史时期、特定社会发展阶段的必然产物，某种意义上讲也是社会转型的社会代价或转型成本。如干部腐败问题，即是由于政治体制改革、经济体制改革过程中的各种失调与失衡、空缺与漏洞以及人们的价值观念受到腐蚀等原因所致。又如民工潮问题，一方面是由于计划经济体制向市场经济体制的过渡，另一方面是由于改革以来严格限制城乡人口流动的户籍制度和身份制度逐渐弱化与松动。诸如此类的问题还包括失业问题、物价问题、社会保障问题等等。正是因为如此，这些社会问题中有一些是我们暂时没有条件来予以治理和解决的，只能采取一些有效的措施来缓解它，其彻底解决和消除需待社会转型的基本完成才能达到。并且，现阶段我国社会中还包括一些历史遗留问题及一些暂时因各种技术条件落后而不能解决的社会问题，如人口问题、教育问题、艾滋病问题等。我们只有认识到这一点，才能既不因为我国转型社会中社会问题很多而盲目悲观，也不会因为一些社会问题没有得到有效解决而怨天尤人，甚至走向反政府、反社会的极端。

第四，尽管有些社会问题是社会转型的伴生物，有些问题暂无条件解决，我们也绝不能因此而坐待转型的完成，而应充分认识到当前我国社会问题的严重性，在科学地研究和分析这些社会问题基础上，采取有力的政策和措施来治理各种社会问题。事实上，我国目前所存在的社会问题有的已经相当严重，亟待解决；有的社会问题成为制约社会转型进程的瓶颈，不妥善解决就可能导致社会转型的失败；还有一些社会问题对社会稳定产生极大的影响，甚至会诱发社会混乱，导致社会的恶性运行。因此，我们必须客观地认识到我国转型社会中社会问题的严重性，特别是对于各级政府领导干部，对于各级公检法机构而言，更应在认识社会问题的严重性的基础上，加强对社会问题的理论研究，认清社会问题产生、存在和发展的原因及条件，掌握其规律性，从而有针对性地采取措施来缓解乃至消除某些社会问题，将转型期社会问题的消极破坏影响减小到最低限度，为改革开放和现代化建设创造一个相对安定团结的社会环境。

（二）治理当前我国社会问题的基本对策

我国转型期的社会问题种类繁多，涉及社会生活的各个角落，产生原因又复杂多变，因而给我们治理社会问题造成了极大的困难。这里我们无法一一针对每一种社会问题提出一种治理方案，只从宏观的角度提出我们治理社会问题的基本思路。针对当前社会转型过程中的社会问题，基本治理对策应包括以下工作：

1. 政府和社会运用行政、经济、法律、道德以及舆论等手段，对整个社会实施有效的宏观性组织、管理、指导与控制，从而达到优化社会结构，完善社会制度，调适社会关系，强化社会规范，指导社会行为的目的，使社会系统中的各个构成要素自治互补，协同运转。

（1）行政手段

行政手段体现为国家政权管理功能和其他一切活动的总和，行政手段是以法制为依据，以命令和服从为特征，以制定行政管理法规和行政措施为主要内容的，从总体上制约和决定着国家的基本走向。可以说，行政手段是社会运行机制的中轴，它在社会的政治、经济、文化等各个方面发挥着计划、指导、组织和调控功能，对整个社会具有普遍的约束和强制力。在行政手段的使用过程中，必须注意的一个问题是应从全局的角度、以长远的眼光来制定出符合社会转型与现代化的科学合理的行政政策与措施，而切不可头痛医头、脚痛医脚，或是只顾眼前而不顾将来，否则便会造成极其严重的后果，最终不仅达不到优化社会结构从而从宏观和间接的方面来缓解和治理社会问题的目的，反而会使社会发生无序状态。

（2）经济手段

经济手段是国家根据经济规律，通过立法方针和政策，依托国家权力，在宏观上就经济行为、经济关系、经济过程、经济结构、经济变动等，采取有效措施进行管理和指导，从而有利于促进社会生产力的发展，进而有利于社会问题的解决。只有发展了生产力，才能逐步达到人们的共同富裕，才能从根本上为解决各种社会问题创造有利条件。不仅如此，经济手段还可以在其他社会领域中发挥作用，经济手段还是赏善罚恶，引导人们遵守社会行为规范，建立和维护社会秩序的重要杠杆之一。运用经济手段，对于缓解和消除目前我国经济领域乃至其他领域内的社会问题，都具有很大的作用。

（3）法律手段

这里所谓的法律是指国家的立法机关及其他机构按照一定的程序制定和颁布的各项规范性文件，是广义上的法律，包括正式法律、法规、条例、条令、决议和命令等等。法律一方面可以对那些给社会和他人造成侵犯或危害的社会成员（包括个人群体和组织）实行制裁，另一方面又可对那些忽视责任和契约的社会成员采取强制性的措施。因而法律是最有效力和最具强制性的社会控制手段，是社会规范和价值的主要内容和表现形态，对人们的活动起着支配性、指导性和控制性作用，因而也有利于社会结构的优化。我国目前正在推进

"依法治国"，就是要以法律来调节和制约各种社会活动，指导各社会单元的行为，减少和消除各种社会问题，从而促进社会的协调发展。

（4）道德手段

法律作为一种外在控制手段具有其明显的强制性，而道德则没有强制性，它是一种内在的控制手段，是依据个人"良心"来发挥作用的。道德作为一种调整个人与个人的关系及个人与社会之间的关系的行为规范，它一方面可以指导人们的行为选择，影响行为动机，促使行为向符合道德规范的方向转化；另一方面，它又作为评价手段评判个体的社会行为是否符合规范，因而，道德能使社会成员将合理的行为方式内在化，自觉地进行社会活动，并通过社会舆论与不道德的行为作斗争。我国当前社会中的很多社会问题都是因为社会成员的社会行为违背了社会所公认的道德规范，显然，道德手段在调整社会关系，减少社会问题产生的可能性方面能够发挥重要的作用。

（5）舆论手段

社会舆论作为一种软控制力量，渗透在道德、政权等各种社会控制手段之中，发挥着相当广泛的作用。作为社会生活中人们意愿的反映，它本身即体现为一种社会价值和社会标准。并且，社会舆论还以其大众性、现实性、阶级性、时效性等特点，可以发挥社会变革的先导作用、社会行为的导向作用和社会行为的约束作用，成为调节社会系统各功能因素之间的关系，各社会阶层、组织、群体之间的关系以及人与人之间的关系的重要力量，推动着社会向良性的方面运转，从而也为治理各种社会问题创造了有利条件，并一定程度上减少产生新的社会问题的可能性。

2. 采取切实有效的具体措施解决现实社会生活中的社会问题，包括显性社会问题和各种隐性社会问题。

（1）当前我国社会中的社会问题非常多，有相当一部分社会问题已经产生了极为严重的后果，迫切需要我们采取应急性与针对性措施来缓解和治理，以免造成社会的无序与混乱，阻碍社会转型的进程。有一部分问题虽然目前尚未对社会构成重大的威胁，但在一定时机和条件下有可能爆发成为严重的社会问题，对社会而言始终是潜在的威胁，也需要我们在其社会影响还不太严重之时采取措施来"防患于未然"。还有一些隐性社会问题，其社会失调现象表现尚欠充分或被掩盖，对于社会失调的社会反应尚未集中、充分、明显、清晰地表现出来，但它们有着由隐性向显性转变的趋势，更需要我们认真加以研究和对待，找出其根源，采取科学合理的方法来根治它们，避免它们显性化而成为新的社会问题。

（2）就我国目前的现实国情，对于社会中存在的大量社会问题，有的是一定时期内有条件、有能力予以解决的，而更多的是暂时没有条件、没有能力来解决的。因此，对于前者，我们应尽快及时地采取科学合理、切实有力的措施来予以解决，以求得立竿见影的效果；对于后者，既然暂时不能解决，就应该努力创造解决的条件，从某些具体环节上下功夫，催发正面因素，控制负面影响，以期牵制这类问题的内部侵蚀性和外部破坏力，达到标本兼治的目的。

（3）当前我国社会中的社会问题相当复杂，有些问题是由较单一的原因造成的，影响和涉及的方面较窄，有的社会问题是由多种原因造成的，影响和涉及面较宽，具有很强的交叉性与连锁性，因而又决定了我们在制定解决社会问题的对策时必须将指向性与辐射性相结合起来。指向性是指制定某一社会问题的对策时须根据其特点来确立方案，对于产生原因单一、涉及面窄的社会问题制定的对策相应应更集中、更具体。辐射性是指制定某一社会问题的对策时不仅要根据该问题的特征来确立其方案，还要考虑到与此相联系的其他社会问题的情况，其对策实施要做到不仅有益于解决这一社会问题，而还要做到不致引发其他社会问题，并有利于与此相关的社会问题的解决或缓解。

3. 加强对社会问题的预测和监测，建立起社会问题预警系统。

社会问题的生成与演化是有其自身规律的，而且社会问题的发生一般都是有一定的征兆的，因而我们可以对社会问题所造成的或将要造成的社会负效应进行预测预报以及监测。社会问题预警系统的主要内容在于：明确社会问题的警情；分析社会问题的警源；确定社会问题的警度；提出有关对策。

建立社会问题预警系统可以起到预见、监测、防范和缓解社会问题的功能。预见功能是指在把握社会问题自身的规律基础上，通过对特定社会问题指标体系中某些指标项目的研究，从中找出某些敏感性指标的异常变化并预先指出社会问题的征兆，如通过失业率上升可以预见与此相关的其他社会问题有可能在今后产生。监测功能是指通过对有关社会问题指标的评估而定期或及时地监视社会问题的现状，从而推测社会问题的变化趋势，总结其发展规律，并预测其社会负效应，以便有利于我们及时对社会问题做出合理的反应。防范功能是建立在预测和监测功能之上，预测和监测的目的在于对某些社会问题事先防范，即当预测到在社会生活的某一领域易于发生社会问题后，可以预先制定一些可行的对策来尽可能地消除社会问题发生的隐患，或者至少是减少即将出现的社会问题的副作用。缓解功能即指对社会问题的现状做出评估，分析出各种社会问题的轻重缓急后，可以根据具体的发展目标、社会成员的心理承受力以及解决社会问题的难易程度，制定出具体可行的合理的措施，来缓解、控制或消除不同的社会问题。

关于社会问题预警系统的构成必然涉及一些社会指标，这项工作具有很强的专业性，需要专家学者根据我国现实社会问题状况，并借鉴国外在此领域的具体做法，来制定出一个详细而又能发挥预警作用的社会问题预警指标体系。

第四节　基于发展社会学的市场化服务研究

一、基于发展社会学的市场化服务发展的社会条件

（一）市场化服务发展的经济、社会基础

社会分工作为一种社会事实很早就被社会思想家注意到。最早阐释社会分工理论的是古典经济学大家亚当·斯密，而且分工这个术语也是由斯密最先创立。对社会分工的研究主要集中在经济学和社会学领域。马克思关于社会分工与劳动异化关系学说也是社会分工学说的重要构成。

1. 社会分工作用于市场范围的扩展

分工取决于市场范围，市场范围也受制于、取决于分工的发展。市场范围的扩大对市场化服务发展的影响主要表现在以下两个方面：

（1）更多个人和组织进入市场，有利于市场客观形式的发展，从而有利于稳定市场结构，推动市场公平发展，为有偿私人服务发展提供制度保障。

（2）更多个人和组织进入市场，加剧了市场竞争，有利于社会创造力发展。现代市场竞争再不是简单地以推动技术进步和提高劳动生产率实现优势劣汰，创造力在市场竞争中扮演重要角色。当社会需求结构从"必需品""舒适品"转变为"闲暇""欲望"之后，仅以生产力追赶欲望是不可行的，必须发展创造力。劳动分工可以促进人的潜能的开发。成年人从事不同的职业所表现出来的才能，在许多场合，与其说是劳动分工的原因，不如说是劳动分工的结果。

2. 社会分工作用于技术进步和生产效率的提高

劳动生产力最大的改进，以及劳动在任何地方运作或应用中所体现的技

能、熟练和判断的大部分，似乎都是劳动分工的结果。劳动分工能极大地提高劳动生产率，并为技术进步提供充分的可能。而根据经济增长理论，技术进步是经济增长的重要因素。经济增长引起产业结构升级和就业结构改变，从而推动市场化服务发展。随着经济增长，第一产业产值占比和劳动力占比呈不断下降趋势；第二产业产值占比呈上升趋势，劳动力占比变化不大，而第三产业的劳动力占比呈上升趋势。

3. 社会分工作用于"个人知识"与"社会知识"的差距

劳动分工的深化形成和扩大了"个人知识"与"社会知识"的差距，使得个人对社会的功能依赖加强，为社会服务尤其是市场化服务的发展提供充分的可能。在自给自足的社会，个人从事多项活动，掌握的知识虽较宽泛却十分粗浅，其结果是社会掌握的知识同样有限，个人知识与社会知识容量相差无几。所以，个人对社会的需求十分有限。随着分工的演进，个人从事的活动变得极为有限或单一，专业化和技术化得到发展，与此同时，个人知识变得精细，并且社会知识容量迅速增大，最终导致个人知识和社会知识的差距不断加大，使得个人对社会的需求快速增长。也正是在这个意义上，社会分工的发展成为社会服务发展最根本的前提条件之一。

4. 社会分工为市场化服务的发展提供社会基础

劳动分工的深化使个人之间、组织之间以及个人与组织之间的功能依赖不断加强，并且最终形成社会有机团结的纽带，成为经济社会整合和发展的基础。

社会分工的发展是嵌入在经济社会结构之中的，其发展必须依托技术进步、制度改进、城市化水平等。超边际分析认为，经济发展是分工演进的过程。当经济制度落后使交易效率低下时，社会就会处在自给自足的状态，这时没有农业和工业之间的分工，每个自然人自给自足生产各种产品。随着交易效率的改进，自给自足的自然人就会分化为专业农民、各业工人，从而使生产力得以提高。这种分工演进的动力是交通条件的改善，制度的改进以及城市的发展。

(二) 市场化服务发展的文化条件

制度为市场化服务的发展提供了机会，文化则为市场化服务的发展提供了意愿。市场化服务的发展，与劳动者对服务劳动、财富、创造、城市等的态度紧密相关。

1. 职业偏见

在每个社会里，职位都有高低之分，并存在对某些职业的偏见。例如，在印度，僧侣具有最高的社会地位；在美国，律师是最受欢迎的职业之一；在中国，国家公职人员是备受推崇的职业。在历史上，商人群体曾被很多民族侧目。中世纪，神学家们认为商人的行为违背了基督教教义，其放贷行为更是罪孽深重；在传统中国社会，流行的文化是"无商不奸"。传统服务劳动因为其人格化的属性更是遭到严重的社会歧视。如，"戏子""优伶"等称呼。在今天的中国社会，由于服务劳动的性质已经发生了根本改变，即从人格化服务演进为非人格服务，以及工具理性的不断发展，人们对服务劳动的认识有了一定的改善。但是由于服务经济结构粗放，以及传统观念的遗留，对于服务劳动仍然存在一定的偏见。

这里我们引入"职业声望"概念，指的是社会成员对各种职业地位的一种主观评价。职业声望与职业偏见并不是同一个概念，但是前者可以作为反映职业偏见的一个参照指标。按照职业声望把职业分为5类：属于上层的职业、中上层的职业、中层的职业、中下层的职业、下层的职业。中下层职业结构，主要有蓝领工人、农民以及其他体力劳动者组成；下层职业结构由保安人员、人力车夫和废品收购人员组成。

由于体力劳动者的职业声望较低，这也就很容易形成人们对这些职业的偏见。尽管这种偏见并不能减少这些职业劳动力供给，因为这些低端职业的需求弹性是很小的。但是，在社会学意义上，这种偏见本身构成市场化服务发展的负能量，只有偏见越来越小，市场化服务的发展才是真实的。否则，市场化服务的发展只能是一个经济学的命题。如何减少社会对这些职业的偏见，这是十分困难的问题，因为职业分层是经济社会结构分化的必然后果。但是，劳动者收入水平和待遇的提高，工作环境的改善以及社会对这些职业的态度的改善是可以落到实处的，特别是报酬和工作环境的改善。

2. 对闲暇的态度

以时间为视角，以家庭为分析单元，现代经济发展是"工作时间"挤压"闲暇时间"的过程。"工作时间"挤压"闲暇时间"的结果不只是工薪阶层所说的"没有买菜的时间和做饭的力气"，由此推动快餐业、家政服务等生活服务快速发展，重要的是"闲暇时间"成为存在。在农业社会，不可能出现人对"闲暇时间"的意识，"闲暇时间"是工业化的产物，只有"工作时间"作为一项社会制度被确立之后，才有可能形成"闲暇时间"的社会观念。"闲暇时间"的经济社会结果是闲暇商业化：演唱会、电影、博彩等消费性服务快速发展。所以，同社会生产力提高和购买力增强一样，"闲暇时间"观念是推动市场化服务发展的重要力量。

然而，不同地区和民族的人们对闲暇却有着不同的态度。例如，在中国一些农村，农闲时，或者更准确地说是打工回家过年的这段时间里，这些农民工辛苦一年的工资除了置办年货，为家里再添一些新的家电、家具，为打牌预留一笔钱，为孩子教育、医疗、养老等储存绝大部分的收入，几乎没有农民或家庭会想着利用这段闲暇和余钱出去游玩，去消费这难得的"闲暇"。在这些人看来，闲暇，只是不用再干活，可以陪陪家人、陪陪孩子，可以打打牌。在这里，"闲暇"没有任何生产力，"闲暇"对他们来说，还不是一个消费概念，而是情感概念，或只是"农闲"概念。而在其他群体中——如，中间阶层——闲暇则是一个消费概念。中间阶层会充分利用节假日去游玩、购物等。不少中间阶层成员会提前半年的时间安排"五一""十一""黄金周"的出行安排。当然，这与不同群体的经济地位有关以及社会制度安排有关。因为，我们知道，农村人口在医疗、教育等方面因为制度缺失和制度不合理面临着更沉重的负担，而这严重阻碍了他们消费观念和消费方式的变迁。从另一方面来看，这说明，"闲暇"作为生产力是与一个社会或一个群体的"文化资本"有关的。在这里，文化资本，指一个社会文化知识的积累。

3. 文化资本

服务经济结构升级的趋向是知识型、技术型以及信息型的市场化服务比重会不断增多，这就要求人们具有一定的文化资本。例如，如果一个人对音乐没有兴趣，没有任何有关音乐的知识积累，他很可能不会去选择听一场交响乐演奏，即便偶尔去了，这去的目的也与音乐消费无关。从社会层面来说，如果一个社会关于音乐、关于体育等消费性服务的文化积累贫乏，那么，这个社会对音乐、体育等消费性服务的需求也就会十分有限。文化资本的形成，与一个社会对财富、闲暇、生命的态度，以及年龄结构、性别结构、阶层结构和教育结构等紧密相关。中间阶段的一个衡量指标是"具有中等以上学历"。中等以上学历，不仅影响着中间阶层的工作选择，而且直接构成他们文化资本的基础。当然，学历并不是决定性的因素。比如，在大学生群体中，女大学群体与男大学生群体在观看体育赛事上呈现出明显的性别差异。这时，性别就构成了对文化资本的影响因素。

二、基于发展社会学的市场化服务发展的功能

马克思对政治经济学的批判可以用这样一句话表达，即对劳动概念的理解不应局限在经济学领域，而应该从整个社会的高度来理解劳动。经济社会结构的变迁使得社会服务劳动在世界经济范围逐渐成为一种普遍的劳动形式。社会服务劳动作为一种普遍形式的劳动，其发展对劳动者个人和人类社会的发展具有怎样的意义？从根本上讲，服务劳动只是劳动者新的谋生方式，其对劳动者的意义在谋生或者说生活质量的改善上并不见得比其他劳动形式更高级，所以，对其功能的分析必然要远离收入水平的提高和生活质量的改善。那么，它的意义来源于哪儿？我们认为，社会服务劳动的所有意义在于它逐渐成为普遍的劳动形式。

服务劳动的发展经历了从人格化的服务劳动到非人格化服务劳动的变迁。人的经济社会行为总是会受到某种强制力的制约，在非市场经济条件下，服务劳动受制于人的身份等级；在现代社会，它则主要受到国家机器的制约。在等级社会里，服务劳动主要表现为下层为上层提供的单向服务，如仆人为主人提供的各种生活服务劳动。在那种经济社会条件下，服务劳动被视作"下品"。从"优伶""戏子"等种种对这些服务劳动者遗留的社会称呼中可以看出：在等级社会，这些身有长技的服务劳动者其社会地位是十分低下的。随着市场经济的发展，这些艺人的社会地位和社会声望逐渐抬高。在充分发展的市场经济条件下，歌手、演员等成为众多社会成员梦寐以求的社会身份，这不仅因为他们有着光鲜的社会形象和不菲的经济收入，更主要的是因为他们占据着较高的社会声望。但是，也必须认识到，在今天的社会，受到尊重的劳动者群体主要是高级知识分子和现代技术人员，这主要是由经济社会结构决定的；而依靠体力提供服务劳动的服务人员依然处于社会地位的底层，比如，出租车司机、售票员、汽车修理工、保姆等。

市场化服务劳动是多数劳动者在现代社会谋取生活的基本方式。因为经济结构和社会结构的变迁，市场化服务劳动在世界经济范围内正逐渐演变为主要的劳动形式。在劳动者个人谋生的意义上，市场化服务劳动并没有比其他劳动形式更高级。作为一种劳动形式要取得任何其他的意义，必须依托正式和非正式的社会安排，如劳动制度、私有产权、知识产权、价值取向等。劳动的任何意义只能来自社会，因为劳动是一种具体的社会安排。市场化服务发展的意义，绝不限于经济增长，甚至不仅仅是个人收入水平的提高和生活条件的改

善，更何况，在世界范围内，服务劳动者的生存和工作环境在整体上较为恶劣。人的禀赋、能力、成长环境和分配制度等社会差异是现实存在的，它决定了经济分层和经济剥夺感的普遍存在。因此，我们需要到经济学以外去寻找市场化发展的功能。我们研究认为市场化服务发展的意义存在人的社会关系之中。社会是人的社会关系的总和，人总是被林林总总的社会关系环绕，人的劳作的所有意义都集中表现在这些关系里。

（一）社会平等观念的形成

市场化服务作为一种普遍的劳动形式发展，其功能之一是，它成为谋生的主要手段，这一谋生手段带来的不仅是物质生活条件的改善，而是它使得社会服务作为一种普遍的劳动形式被社会成员接受，不管是政府公务人员，企业管理人员等知识分子和软件开发、工程设计等技术人员，还是美容美发师、出租车司机和保洁员等体力劳动者都得接受这种为他人提供服务（劳动）的形式。服务劳动不再是底层服务于上层的单向劳动。社会服务劳动双向的性质使得人的劳动意识发生了改变，即劳动本身并不能形成任何文化意义上的区隔，劳动仅仅是工作。不管是清洁工、保安人员还是大学教授、工程师等高级知识分子，他们提供的服务在性质上并没有区别，都是服务社会和他人，而不再是为个人或特殊群体服务。服务劳动，真正成为所有人谋取生活的途径，而不再仅仅是少数人的身份特权和"不得已而为之"。因此，社会服务的发展消除了服务劳动在文化意义上的歧视，这就会在全社会形成一种普遍平等的意识。此即是形式的力量。

（二）技艺需求和情感需求的分离

市场化服务劳动的发展是一种非人格力量的发展，它不再像以往的服务劳动形式一样，需要人的所有情感注入其中，人的全部被凝结在产品和服务之中。随着货币经济和工具理性的发展，对服务和技艺的需求逐渐与对情感的需求分离。这就是为什么我们一直在看到老的旧的服务行业在消亡，因为技艺已经成为独立的力量。儿时的理发店师傅只是技艺中那个熟悉和蔼给人亲切的老师傅，对于接受理发服务的消费者来说他的人格力量比他的技艺更重要。而今天，我们几乎不会再踏进那家理发店，去感受那样的感情。因为，我们已经接受了市场经济的逻辑，即"买卖就是买卖"，我们进入理发店需要的只是更高超的技艺和高质量的服务。并且，也正是因为技艺需求和情感需求的分离，使得社会对情感存在巨大的潜在需求，这巨大的潜在需求将会重新找回生活的意义，因为市场提供的只是技艺需求，而生活的意义只能在生活共同体中被培育起来。

（三）人的自我发展

市场化服务发展的第三项功能是，它相较于其他形式的劳动，更多的依赖或者说发挥了劳动者个人的全部条件，包括精神的、智力的和物理的。也正因为如此，造成了劳动者之间的巨大差别，这种差别不仅反映在劳动者的经济收入和消费之中，还反映在服务的质量和技艺水平上。如果说思想上的进步是一个需要认真界定的问题，那么，人类在技艺方面的发展则是有目共睹的确凿事件。而技艺的发展正是在一个个分工岗位上和现代生产组织和管理组织（比如企业）中达到较高水准的。一个奴隶为奴隶主提供家务劳动，他的精神是枯萎的，是没有任何创造力的，他不会思考如何去提升这项服务的质量和改进服务的技术，因为这些需要时间和闲暇，甚至需要冒险。在农业社会和工业社会，对服务劳动的需要仍然是少数人的"特权"；但是在服务经济社会，如何更好地提供服务劳动成为经济生活的主要逻辑，劳动者在提供社会服务的过程中满足他人的具体需要，并且在这一过程中完善自我。

参考文献

［1］董泽芳. 教育社会学［M］. 武汉：华中师范大学出版社，2009.

［2］古人伏. 德育实效性研究与实践［M］. 北京：中国建材工业出版社，1999.

［3］顾忠华. 韦伯学说［M］. 桂林：广西师范大学出版社，2004.

［4］郭斌. 基于组织社会学的校企合作育人困境研究［J］. 长江丛刊，2017（2）.

［5］国务院学位委员会办公室. 同等学力人员申请硕士学位 社会学学科综合水平 全国统一考试大纲及指南 第 2 版［M］. 北京：高等教育出版社，2003.

［6］候蔺. 当代人口安全问题研究［J］. 法制博览，2020（9）.

［7］江光友. 市场化服务发展的社会学研究［D］. 咸阳：西北农林科技大学，2015.

［8］姜晓萍，陈昌岑. 环境社会学［M］. 成都：四川人民出版社，2000.

［9］孔德新. 环境与人类社会［M］. 芜湖：安徽师范大学出版社，2011.

［10］李宏伟. 少年儿童组织与思想意识教育概论［M］. 北京：首都师范大学出版社，2019.

［11］李锦旭. 资本主义美国的学校教育：教育改革与经济生活的矛盾［M］. 台湾：台湾桂冠图书有限公司，1989.

［12］李茹. 组织社会学视角下的大学生社团管理研究［J］. 卷宗，2018（9）.

［13］李卫东，刘丽丽，张静. 教育社会学［M］. 北京：中国商务出版社，2019.

［14］厉以贤. 试论教育社会学的学科性质与研究对象［J］. 北京师范大学学报，1985（2）.

［15］列宁. 列宁全集 第 1 卷［M］. 北京：人民出版社，1960.

［16］刘志敏. 教育社会学［M］. 长春：吉林大学出版社，2014.

［17］鲁洁. 教育社会学［M］. 北京：人民教育出版社，1990.

［18］马和民，高旭平. 教育社会学研究［M］. 上海：上海教育出版社，1998.

［19］马和民. 新编教育社会学［M］. 上海：华东师范大学出版社，2002.

［20］马克思，恩格斯. 马克思恩格斯选集 第 1 卷［M］. 北京：人民出版社，1972.

［21］马克思. 马克思恩格斯选集 第 4 卷［M］. 北京：人民出版社，1995.

［22］马克斯·韦伯. 社会科学方法论［M］. 北京：中国人民大学出版社，1999.

［23］穆光宗. 对人口安全大势的几点认识［J］. 北京工业大学学报（社会科学版），2016，16（4）.

［24］庞元正，丁冬元. 当代西方社会发展理论新词典［M］. 长春：吉林人民出版社，2001.

［25］宋惠芳. 现代社会学导论［M］. 济南：山东人民出版社，2015.

［26］汤兆云. 社会学［M］. 武汉：华中科技大学出版社，2010.

［27］王纯. 欧美各国教育 社会学简介［J］. 教育研究，1981（3）.

［28］王国勇. 教育的社会学研究 基于教育社会学的理论视角［M］. 北京：光明日报出版社，2015.

［29］王义祥. 发展社会学概论［M］. 上海：华东师范大学出版社，1995.

［30］王运思. 保护人类生存环境是我们共同的责任［M］. 北京：中国环境科学出版社，2007.

［31］文献良，文峰. 人口社会学概论［M］. 成都：四川教育出版社，2010.

［32］吴方桐. 社会学教程［M］. 武汉：华中师范大学出版社，2007.

［33］吴康宁. 教育社会学［M］. 北京：人民教育出版社，1998.

［34］吴忠民，刘祖云. 发展社会学［M］. 北京：高等教育出版社，2002.

［35］夏忠彪. 组织社会学视阈下高校学生社团管理改革路径［J］. 吉林省教育学院学报，2020，36（2）.

［36］谢立中. 西方社会学名著提要［M］. 南昌：江西人民出版社，1998.

［37］徐新. 发展社会学［M］. 上海：上海大学出版社，2005.

［38］许建兵，李艳荣，宋喜存. 社会学教程［M］. 长春：吉林大学出版社，2016.

［39］ 姚裕群. 人力资源概论［M］. 北京：中国劳动出版社，1992.

［40］ 张桂蓉. 人口社会学［M］. 武汉：武汉大学出版社，2009.

［41］ 张培，刘娅茜. 社会学新编［M］. 昆明：云南大学出版社，2018.

［42］ 张晓丽，赵杨，杨林. 社会学［M］. 北京：航空工业出版社，2015.

［43］ 张远广，李振平，陈瑛. 中国地学通鉴 人口卷［M］. 西安：陕西师范大学出版总社有限公司，2019.

［44］ 张琢. 国外发展理论研究·序［M］. 北京：人民出版社，1992.

［45］ 赵广超. 环境保护概论［M］. 芜湖：安徽师范大学出版社，2011.

［46］ 赵云宁. 基于教育社会学的高校师生矛盾研究［M］. 石家庄：河北工业大学，2016.

［47］ 中国大百科全书总编辑委员会. 中国大百科全书·社会学卷［M］. 北京：中国大百科金书出版社，1991.

［48］ 周运清. 新编发展社会学［M］. 武汉：武汉理工大学出版社，2003.